歌おう! あそぼう!

バスレク アイディア集

増補改訂版

阿部 恵・編著

Gakken

はじめに

子どもたちが心待ちにしているバス遠足。
動きが制約されるバスの中でも、楽しい時間を過ごせるようにしたいですね。
この本では、バスの中はもちろん、普段のあそびとしても役だつ、
保育者と子どもたちのためのレクリエーションを集めました。
歌・手あそび、ゲーム、パフォーマンス、ことばあそびなど盛りだくさん。
当日、スムーズに進行できるように、ポイントを押さえておきましょう。

Point 1

本書はバスの中でも楽しめるレクリエーションを、「手・歌あそび」「ゲーム・グッズあそび」「クイズ・なぞなぞ」「ことばあそび・素話」の4つのパートに分けました。参加する子どもの年齢や行き先、バスの中での状況に合わせて選んでください。

Point 2

巻末にはあそびの中で使える絵カードをつけました。切り離してお使いください。普段のあそびの中でもご活用ください。

Point 3

バス遠足でいきなり行うのではなく、手あそびやゲームは、普段のあそびの中でやっておきましょう。

Point 4

マジックや素話など、保育者の行うパフォーマンスは、あらかじめ練習しておきましょう。演じる保育者が楽しむことが大切です。

Point 5

たくさんのあそびを紹介していますが、バスの中で必ず何かをする必要はありません。景色を見てのんびりする時間も必要です。
また、保育者は用意していたあそびをすべて行おうとしがちです。子どもたちの様子を見ながら無理なく楽しんでください。特に帰りのバスでは休息時間を十分確保しましょう。

阿部 恵

この本の使い方

ご紹介するあそびの対象年齢です。参考にしてください。

あそび方の概要やポイントを説明しています。

バス遠足の際、保育者が知っておくと便利なミニ情報です。

3 歳児から

かけ合いが楽しい

「リュックのなかみ」

遠足といえばリュックの中が気になるもの。
何度でも入れたり出したりする、ワクワク感を楽しみましょう。

あそびかた

♪えんそく　えんそく　ヤッホー～なかみを　チェック

1 保育者と子ども全員で歌う。
「♪（どうぶつえん）」のところは、そのときの行き先に替える。

♪おべんとう　オッケー～ぼうし　オッケー

2 「♪おべんとう」など、持ち物の部分は保育者が歌い、
遠足に必要な物なら、子どもは「♪オッケー」と両手を上げて丸を作る。
必要のない物だったら、鼻を押さえて「ブッブー」と答える。

16

♪じゅんび　オッケー～
あした　てんきになーれ

3 全員で歌う。

＊ヤッホー・オッケー・ゴーゴーなど、かけ声の部分は、両手を口に当ててメガホンにしたり、オッケーサインを出したり、こぶしを高く突き上げたりして変化をつける。

あそびのヒント

保育者と子どものかけ合いの部分は、ハンカチ、おやつ、三輪車、積み木など、いろいろ加えて、「オッケー」「ブッブー」と楽しくあそびましょう。

お役だち情報

親子自己紹介で和やかに

親子遠足は、保護者どうしの交流を深めるのによい機会です。マイクを回して、親子で自己紹介をしてもらいましょう。名まえだけでなく、保護者には趣味や子どものこと、子どもには家族のことなどを、話してもらいましょう。ただし、いやがる人に無理じいは禁物です。また、長くなりそうな人には、ほどよいところで次へ回すように配慮しましょう。

『リュックのなかみ』　作詞・作曲／蝶間林裕美

17

あそび方は楽しいイラストで説明しています。

あそびを発展させたり、アレンジしたりするアイディアです。

⚠注意　　ご使用の前に必ずお読みください。

●子どもがポリ袋を頭からかぶると危険です。ポリ袋を扱う際は十分注意してください。
また、子どもの手が届かないところに保管してください。

●ポリ袋をホチキスで加工する際には、危険のないように、針の状態を確認してください。

●クーラーボックスは子どもの手が届かないところに保管してください。

●風船を使用する際に、割れた風船を子どもがなめたり、口に入れたりしないように注意してください。

●子どもがフェルトペン、クレヨンをなめたり、口に入れたりしないように、使用・保管には十分注意してください。

●うちわ、バンダナ、絵カードなどの道具の使用・保管には十分注意してください。
子どもがおもちゃにすると危険です。

CONTENTS

CONTENTS

Part4　ゆっくり楽しむ ことばあそび&素話

巻末付録　切り離して使う絵カード

バス遠足お役だち情報

Part 1

すぐにできちゃう
手あそび&歌あそび

限られた空間で動きが制限されるバスの中では、
おなじみの手あそび・歌あそびがぴったりです。
目的地に向かってバス遠足を楽しくしましょう。

2
歳児から

ひとりずつ顔を見て
「ゆらゆら タンタン」

ゆったりしたリズムで、子どもたちの表情や
健康状態を見ながらあそびましょう。

あそびかた

♪ゆらゆら

1 両手を前に出して上下に振る。

♪タンタン

2 拍手を2回する。
＊以下、「♪ゆらゆら　タンタン」は①②と同じ動作。

♪おめめ

3 両手の人さし指で
目のあたりをさす。

♪おはな

4 両手の人さし指で
鼻をさす。

♪おくち

5 両手の人さし指で
口をさす。

♪プーッと

❻ ほおを膨らませる。

♪ほっぺに

❼ 両手の人さし指で
ほおをさす。

♪おみみ

❽ 両手の人さし指で
耳をさす。

あそびのヒント

目的地に合わせて歌詞を替えてもいいですね。保育者は、「みんな、きょうはバスに乗ってどこへ行くのかな？」と聞いてから歌いましょう。

例　**動物園の場合**

♪ゆらゆら タンタン
キリン

グーンと高く
首を伸ばす。

♪ゆらゆら タンタン
ゴリラ

胸をこぶしでたたく。

♪ゆらゆら タンタン
ゾウ

腕を鼻に見たてて
ブラブラする。

♪みーんな いっしょに
どうぶつえん

拍手を4回して、
腕を高く2回上げる。

『ゆらゆら タンタン』　作詞・作曲／不詳

3 歳児から

バスに乗ったら
「バスごっこ」

**バス遠足のスタートにぴったりの歌あそび。
遠足への期待が膨らみます。**

あそびかた

1番

♪おおがたバスに　のってます

❶ 両手を軽く握り、
ハンドルを動かす動作をする。
＊2·3番も同じ動作。

♪きっぷをじゅんに　わたしてね

❷ 右手を高く上げ、左右に振る。

♪おとなりへ　ハイ　（4回繰り返す）

❸ 拍手を3回して、
前の子の頭にタッチする。
＊一番前の子はタッチの動作。

♪おわりのひとは　ポケットに

❹ ポケットに切符を入れる動作をする。

2番

♪いろんなとこが
みえるので

2 右手左手を交互に額に当て、見る動作をする。

♪よこむいた　ア～
うしろむいた　ア

3 歌詞に合わせて
横、上、下、後ろを向く。

♪うしろのひとは
ねーむった

4 全員で目を閉じ、
眠るまねをする。

3番

♪だんだんみちが
わるいので

2 肩を上下に動かしたり、
左右に揺らしたりする。

♪ごっつんこ　ドン～
ごっつんこ　ドン

3 隣の子と頭を軽く4回
ぶつけ合う。

♪おしくらまんじゅう
ギュッギュッギュッ

4 拍手を2回して、
両ひじを3回締める。

あそびのヒント
切符を渡す動作は、年齢や座席の高さに応じて、
前後や左右の列でのタッチにするとよいでしょう。

『バスごっこ』　作詞／香山美子　作曲／湯山 昭

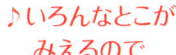

3
歳児から

体を使って
「かなづちトントン」

単純なあそびなので、初めてでもだいじょうぶ。
親子一緒にゆっくりあそぶなら、2歳児でも楽しめます。

あそびかた

1番

♪かなづち　トントン～
かなづち　トントン

❶ 右手を握り前に出し、
軽く振る。
「♪トントン」で
ひざを2回たたく。

♪つぎは　にほん

❷「♪つぎは」で拍手を2回して、両手を握って前に出す。

2番

♪かなづち　トントン～
かなづち　トントン

❶ 両手で1番の①の動作。

♪つぎは　さんぼん

❷「♪つぎは」で
拍手を2回して、
両手と右足を前に出す。

3番

♪かなづち　トントン～
かなづち　トントン

❶ 両手で1番の①の動作。
同時に右足を
上下させる。

4番

♪つぎは　よんほん

❷「♪つぎは」で
拍手を2回して、
両手、両足を前に出す。

♪かなづち　トントン～
かなづち　トントン

❶両手で1番の①の動作。
同時に両足を
上下させる。

♪つぎは　ごほん

❷「♪つぎは」で
拍手を2回して、
両手両足を前に出し、
首を振る。

5番

♪かなづち　トントン～
かなづち　トントン

❶4番の①の動作。
同時に首を振る。

♪これで　おしまい

❷拍手を2回して、
両手をひざに置く。

あそびのヒント

基本のあそびは、足で床をトントン踏み鳴らしますが、大型バスで足が届かない場合は足を上下させます。

『かなづちトントン』　訳詞／幼児さんびか委員会　作曲／Mary Miller Paurea Zajan

出典：『こどものうた　おひさまおはよう』（キリスト教保育連盟）

2 歳児から

仲間っていいね

「HAI! HAI! HAI!」

**みんなの気持ちが一気に盛り上がる歌あそびです。
バスの中がちょっと窮屈に感じたら、元気に歌って気分すっきり!**

あそびかた

1番

♪そらはたかいヨ　ハイハイハイ!～
ぼくとうたおヨ　ハイハイハイ!

ハイハイハイ

手拍子に合わせてみんなで歌い、
「♪ハイハイハイ!」のところでは、
握りこぶしを高く上げる。

*2～4番も同じ動作。

あそびのヒント

「♪ハイハイハイ!」の部分を列ごとに歌ったり、保育者が「○○ちゃんと□□くん」のように、指名してもおもしろいでしょう。

♫そらはたかいよ～
よっちゃん、たっくん!
ハイハイハイ!

『HAI! HAI! HAI!』　作詞／福尾野歩　作曲／才谷梅太郎

1. そら はた かい ヨ ハイ ハイ ハイ!　うみ はひ ろい ヨ ハイ ハイ ハイ! ―
2. さあ さみ んな で ハイ ハイ ハイ!　リズ ムに のせ て ハイ ハイ ハイ! ―
3. そら にむ かっ て ハイ ハイ ハイ!　うみ にと どけ ヨ ハイ ハイ ハイ! ―
4. おと この こだ け ハイ ハイ ハイ!　おん なの こだ け ハイ ハイ ハイ! ―
きみ もお いで ヨ ハイ ハイ ハイ!　ぼく とう たお ヨ ハイ ハイ ハイ!
きみ もお どろ ヨ ハイ ハイ ハイ!　もっ とげ んき に ハイ ハイ ハイ!
てびょ うし たた き ハイ ハイ ハイ!　もっ とよ うき に ハイ ハイ ハイ!
たのし いき ぶん は ハイ ハイ ハイ!　さあ さみ んな で ハイ ハイ ハイ!

3
歳児から

テンポに合わせて

「ちゃつぼ」

**テンポを速くしたり、ゆっくりにしたり、
早口ことばとしてもあそべます。**

あそびかた

①～④の動作を歌に合わせて繰り返し、4分休符は1拍休む。
最後はお茶を飲んでおしまいにする。

ちゃ

1 左手でこぶしを作って
ちゃつぼに見たて、
右手を「ふた」にする。

ちゃ

2 右手を左手のこぶしの
下にして「底」にする。

つ

3 右手をちゃつぼにして
左手で①の動作をする。

ぼ!

4 左手を右手のこぶしの下にして
「底」にする。

あーおいしい!!

5 最後はみんなで、
お茶を飲む動作をする。

あそびのヒント

テンポを変えるときは、「ぬるいお茶はゆっくりね」「今度は熱いお茶だから、スピードを出しますよ」のように、声をかけましょう。歌詞の下の数字は動作を表します。

『ちゃつぼ』　わらべ歌

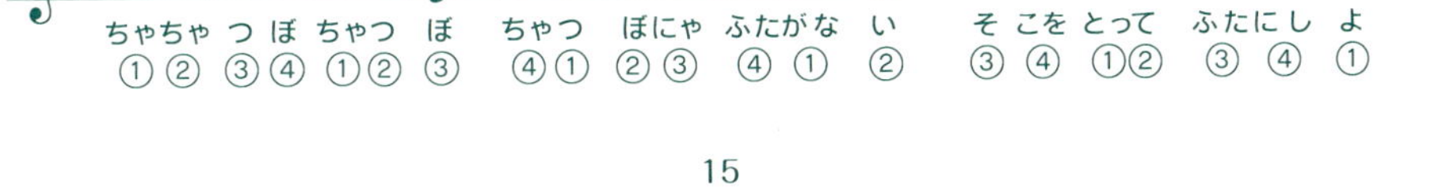
ちゃちゃ つ ぼ ちゃつ ぼ ちゃつ ぼにゃ ふたがな い そ こを とって ふたにし よ
① ② ③ ④ ① ② ③ ④ ① ② ③ ④ ① ② ③ ④ ① ② ③ ④ ①

3
歳児から

かけ合いが楽しい
「リュックのなかみ」

遠足といえばリュックの中が気になるもの。
何度でも入れたり出したりする、ワクワク感を楽しみましょう。

あそびかた

♪えんそく　えんそく　ヤッホー〜なかみを　チェック

❶ 保育者と子ども全員で歌う。
「♪（どうぶつえん）」のところは、そのときの行き先に替える。

♪おべんとう　オッケー〜ぼうし　オッケー

❷ 「♪おべんとう」など、持ち物の部分は保育者が歌い、
遠足に必要な物なら、子どもは「♪オッケー」と両手を上げて丸を作る。
必要のない物だったら、鼻を押さえて「ブッブー」と答える。

♪じゅんび　オッケー～
あした　てんきになーれ

③ 全員で歌う。

＊ヤッホー・オッケー・ゴーゴーなど、かけ声の部分は、両手を口に当ててメガホンにしたり、オッケーサインを出したり、こぶしを高く突き上げたりして変化をつける。

あそびのヒント

保育者と子どものかけ合いの部分は、ハンカチ、おやつ、三輪車、積み木など、いろいろ加えて、「オッケー」「ブッブー」と楽しくあそびましょう。

バス遠足
お役だち
情報

親子自己紹介で和やかに

親子遠足は、保護者どうしの交流を深めるのによい機会です。マイクを回して、親子で自己紹介をしてもらいましょう。名まえだけでなく、保護者には趣味や子どものこと、子どもには家族のことなどを、話してもらいましょう。ただし、いやがる人に無理じいは禁物です。また、長くなりそうな人には、ほどよいところで次へ回すように配慮しましょう。

『リュックのなかみ』　作詞・作曲／蝶間林裕美

4
歳児から

おいしい手あそび1
「おべんとうばこ」

お弁当の中身は何かな？ ワクワクしながら、
大きなお弁当、小さなお弁当を作ってあそびましょう。

あそびかた

♪これっくらいの
おべんとばこに

1 両手の人さし指で
お弁当箱を2回かく。

♪おむすびおむすび

2 おにぎりを握る
動作をする。

♪ちょいとつめて

3 おにぎりをお弁当箱に
詰める動作をする。

♪きざみしょうがに

4 左手をまな板に見たて、
右手を包丁にして
切る動作をする。

♪ごましおかけて

5 両手でごま塩を
ふりかける動作をする。

♪にんじん　さん

6 両手の人さし指と
中指で2を出し、次に
薬指も立てて3を出す。

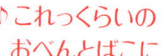

♪ごぼう　さん

7 両手を開いて5を出し、次に3を出す。

♪あなのあいた

8 両手の人さし指と親指を丸にし、目の周りに当てる。

♪れんこん　さん

9 ⑧を胸の前までおろし、3を出す。

♪すじのとおった

10 右手を前に出し左手で肩までなで、口まで持っていく。

♪ふーき

11 左手を口に当てて「ふーっ」と吹く。

あそびのヒント

両手をいっぱい広げて、「だれのお弁当箱かな？」と、子どもたちに聞いてみましょう。くいしんぼうのお友だちの名まえや、ゾウさん、カバさんなど楽しい答えが飛び出します。
反対に、ネコさん、ネズミさん、アリさんと、お弁当箱をどこまで小さくできるかもやってみましょう。

『おべんとうばこ』　作詞・作曲／不詳

3
歳児から

おいしい手あそび2

「おでん」

バスの中がおいしいおでん屋さんに早がわり。
具材を考えるのも楽しいです。

あそびかた

1番

♪ちいさなおでんを
つくります

❶ 体の前で小さく
拍手する。

♪トントントン

❷ 右手を包丁、
左手をまな板に見たて、
切る動作をする。

♪まんまるは

❸ 両手の人さし指と
親指で輪を作る。

♪だいこんさん

❹ 伸ばした右腕を左手で
上から下へなでる。

♪トントントン
さんかくは

❺ ②の動作の後、両手で
三角を作る。

♪ハンペンさん

❻ ④の動作をする。

♪トントントン
しーかくは　こんにゃくさん

❼ ②の動作の後、
両手で四角を作り、
次に④の動作をする。

♪トントントンと
グツグツにれば

❽ ②の動作の後、両手を
体の前で上に向け、
上下に動かす。

♪トントントンと
できあがり　モグ!

モグ!

❾ 拍手を5回して、
食べるまねをする。

＊2･3番は歌詞に合わせて、動作を大きくしていく。

あそびのヒント　「みんなが好きなのは何かな？」と聞いて、いろいろなおでんを楽しみましょう。

例

卵

両手で楕円形にする。

タコ

両手をクニャクニャさせる。

ちくわ

両手をグーにして重ねる。

コンブ

両手をフラダンスのように
クネクネさせる。

『おでん』　作詞／阿部 恵　作曲／家入 脩

1.　ち い さ なおでんを
2.ちゅうくらいのおでんを
3.　お お き なおでんを
つくります
トントントン
ま んま るは
だ いこ んさん
トントントン
さ んか くは
ハ ンペ ンさん
トン トントン
し ーか くは
こ んにゃくさん
トントントン と
グツグツにれば
トントントンと
で き あ が り
モグ！
パク！
ガブ！

3 歳児から

おいしい手あそび3

「やきいもグーチーパー」

ジャンケンは、子どもの大好きなあそびです。
隣どうしで、子どもたち対保育者で、盛り上がりましょう。

あそびかた

♪やきいもやきいも
おなかが

1 両手を軽く握って、左右にリズミカルに動かす。

♪グー

2 両手のこぶしをおなかに置く。

♪ほかほかほかほか
あちちの

3 両手をフワフワと湯気が上がっているように動かす。

♪チー

4 両手をチョキにして顔の横に出す。

♪たべたらなくなる
なんにも

5 手を交互に口に持っていき、食べるまねをする。

♪パー

6 両手をパーにして出す。

♪それ　やきいも
まとめて

❼手拍子をする。

♪グーチーパー

❽グー・チョキ・パーを
順に出す。

ジャンケンポン

❾歌い終わったら、手を
体の後ろに隠し、隣の
子とジャンケンをする。

あそびのヒント　負けた子にはペナルティを与えたり、
保育者との勝ち抜き戦にしたりして楽しみましょう。

●ジャンケンに勝った子は、次のときに、「♪グー」では相手の頭を軽くコツンとたたき、「♪チー」では耳をキュッと引っぱり、「♪パー」ではひざをパンとたたきます。

●保育者対子どもたちで行う場合は、勝ち抜き戦にして、最後まで残った子にジャンケンチャンピオン賞をあげましょう。

『やきいもグーチーパー』　作詞／阪田寛夫　作曲／山本直純

2
歳児から

まねっこあそび

「ぴよぴよちゃん」

おとなのまねっこが大好きな子どもたち。
いも掘りや動物園など、行き先をイメージしてあそびましょう。

あそびかた

♪ぴよぴよちゃん

❶ 保育者が口の前で、
両手をパクパクさせる。

♪なんですか

❷ 子どもたちが①と同じ動作で答える。

♪こんなこと　こんなこと

❸ 保育者が簡単な2種類の動作をする。

♪できますか

❹ 保育者が拍手を3回する。

♪こんなこと　こんなこと

5 子どもたちは、
保育者の③の動作をまねする。

♪できますよ

6 子どもたちが拍手を3回する。

動作の例

行き先に合わせて、座ったままでできる動作を考えましょう。

- 動物園なら、腕を鼻にしてゾウ、胸をたたいてゴリラ、腕を頭の上に伸ばしてウサギ、手でめがねを作り、目に当ててパンダなど。

- おにぎりを作るポーズや食べるポーズ、ハンドルを握るポーズや、ガイドさんのまねなども楽しいですね。

あそびのヒント

保育者がいろいろなポーズをして、最後に「さあ、今のはなんのまねかな?」と聞いて、クイズにしても楽しめます。

『ぴよぴよちゃん』　作詞・作曲／不詳

3
歳児から

ユーモラスな動きで
「あじのひらき」

リズミカルな手の動きが楽しい歌あそび。
水族館に行くときに歌うと、期待がぐ～んと高まります。

あそびかた

♪ズンズンチャチャ

1 左手を腰に、右手は前に出して、
右から左に魚が泳ぐようにヒラヒラ動かす。

♪ズンズンチャチャ
ズンズンチャチャ

2 手を逆にして、左から右に①を繰り返す。

♪ホイ

3 右手を腰に、左手を右前方に高く上げ、
上体も右に傾けて止まる。

♪ズンズンチャチャ～ホイ

4 ①～③を繰り返す。

♪あじの

❺ 右手、左手と順に、少し広げて前に出す。
＊隣の子とぶつからない程度に。

♪ひらきが

❻ 拍手を2回する。

♪しおふいて

❼ ⑤の動作をする。

♪ピュ

❽ 両手を上げてばんざいをする。

あそびのヒント

遠足の後、保育室でも、水族館で見た物を言いながら、あそんでみましょう。
④の「♪ズンズンチャチャホイ」までは、自由に動き回り、「♪あじのひらきが　しおふいて」で、2人で抱き合い、「♪ピュ」であいた手を上げます。

『あじのひらき』　作詞・作曲／不詳

3
歳児から

ひとりで二役!
「八べえさんと十べえさん」

指だけで楽しめるわらべ歌あそびです。
子どもたちに漢字の八と十の字を教えてからあそびましょう。

あそびかた

♪はちべえ　さんと

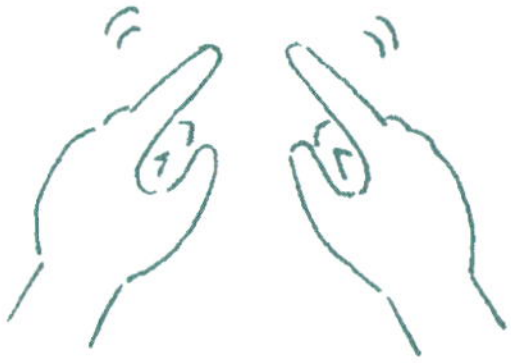

1 両手の人さし指で
八の形を作る。

♪じゅうべえ　さんが

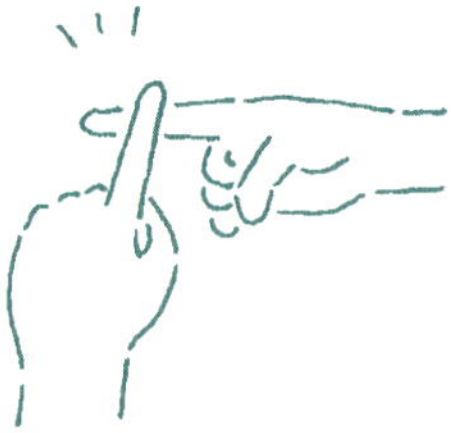

2 両手の人さし指を
クロスして十の形を作る。

♪けんかしてー

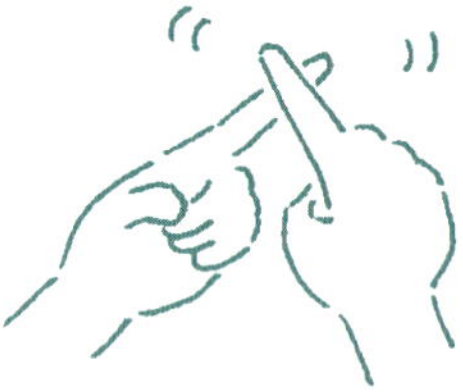

3 両手の人さし指で
チャンバラごっこをする。

♪おってけ　にげてけ　おってけ　にげてけ
(2回繰り返す)

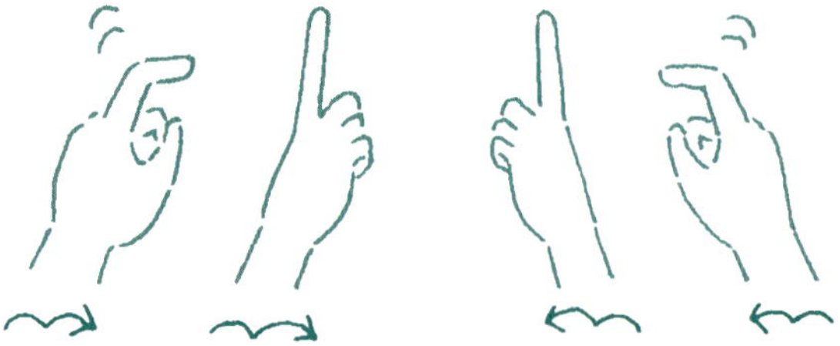

4 左手の人さし指を曲げたり伸ばしたりしながら、
右手の人さし指を追う。次に反対の動作をする。

♪いどの　なかに
どぼんと　はいり

5 左手の人さし指と親指で
輪(井戸)を作り、右手の
人さし指を入れる。

♪ちょっと　かおを　だしたら

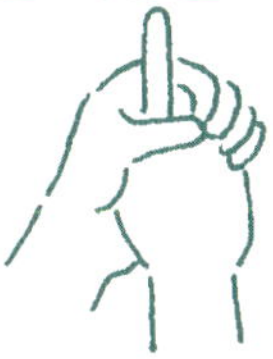

❻ 右手の人さし指を一度出して下から入れる。

♪ピンと　たたかれた

❼ 右手の人さし指を出して、
左手の井戸をたたく。

♪おいててて　おいててて

❽ 痛い表現を大げさにする。

バス遠足

お役だち情報

バスに乗ったら5つの約束

子どもたちには約束事を紙芝居などで伝え、保護者には「遠足のお知らせ」に明記して共有しましょう。

1.窓から顔や手を出さない。

2.走行中はいすの上に立ったり、通路を歩いたりしない。

3.気分が悪くなったらがまんしないで、すぐに保育者に言う。

4.ごみを散らかさない。

5.前の席の背もたれをけったり、背もたれに付いているテーブルであそんだりしない。

『八べえさんと十べえさん』　わらべ歌

4
歳児から

組み合わせを考えて
「グーチョキパーでなにつくろう」

グー・チョキ・パーを組み合わせる表現あそびです。
オリジナルを考えて、何かを当てっこしても楽しいでしょう。

あそびかた

1番

♪グーチョキパーで　グーチョキパーで

1 両手でグー・チョキ・パーを2回繰り返す。
＊2〜6番も同じ動作。

♪なにつくろう
なにつくろう

2 拍手しながら右から左に移動する動作を2回繰り返す。
＊2〜6番も同じ動作。

♪みぎてがチョキで

3 右手をチョキにして高く上げる。

♪ひだりてもチョキで

4 左手をチョキにして高く上げる。

♪かにさん　かにさん

5 両手をチョキにして左右に振る。

2番

♪みぎてがパーで
ひだりてもパーで
ちょうちょ　ちょうちょ

両手をパーにして
くっつけ、ひらひらする。

3番

♪みぎてがチョキで
ひだりてがグーで
かたつむり　かたつむり

右手をチョキにして、
グーにした左手を
重ねて動かす。

4番

♪みぎてがグーで
ひだりてがパーで
めだまやき　めだまやき

右手をグーにして、
パーにした左手にのせる。

5番

♪みぎてがパーで
ひだりてもパーで
おすもうさん　おすもうさん

両手をパーにして
交互に前に突き出す。

6番

♪みぎてがグーで
ひだりてもグーで
ゴリラ　ゴリラ

両手をグーにして
ゴリラのように胸をたたく。

あそびのヒント

グー・チョキ・パーでできるものを、子どもたちにも考えてもらいましょう。
チョキとチョキを頭に乗せたら鬼さん。グーとグーを重ねたら雪だるま。パーとパーをパタパタさせたら鳥さん……など。

『グーチョキパーでなにつくろう』　作詞／斎藤二三子　フランス民謡

4歳児から

トントンたたいて
「うさぎとかめ」

疲れが見えてきたら、歌に合わせて、体を軽くたたいてあそびましょう。
疲れがとれて、すっきりリフレッシュします。

あそびかた

1番

♪もしもし　かめよ

❶ 右手を握って左肩を4回たたく。

♪かめさんよ

❷ 左手を握って右肩を4回たたく。

♪せかいの

❸ 同様に右手で左肩を2回たたく。

♪うちで

❹ 同様に左手で右肩を2回たたく。

♪おま

❺ 同様に右手で左肩を1回たたく。

♪えほ

❻ 同様に左手で右肩を1回たたく。

♪ど

7 拍手を1回する。
＊以上が1サイクル。
以下は太ももに替えて
同じようにたたく。

♪あゆみの　のろい
ものはない

8 右手で左のももを4回、
次に左手で右のももを
4回たたく。

♪どうして　そんなに

9 同様に左のももを2回、
次に右のももを
2回たたく。

♪のろ　いの

10 同様に左のももを1回、
次に右のももを
1回たたく。

♪か

11 拍手を1回する。

あそびのヒント

慣れてきたらどんどんスピードを速くしてみましょう。おもしろさがアップします。
ゆったりした展開にすると2〜3歳児でも楽しめます。

＊2〜4番も同じ動作。

『うさぎとかめ』　作詞／石原和三郎　作曲／納所弁次郎

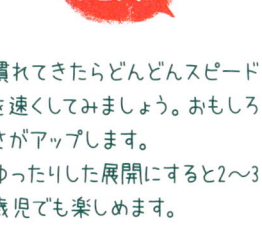

2
歳児から

握りこぶしで表現あそび

「とんとんとんとんひげじいさん」

2歳児からあそべる、おなじみの手あそびです。
好きな動物や人気のキャラクターなどでもやってみましょう。

あそびかた

♪とんとんとんとん

1 両手を握り、
交互に4回たたく。

♪ひげじいさん

2 両手のこぶしを
あごの下に重ねる。

♪とんとんとんとん
こぶじいさん

3 ①の動作の後、
両手のこぶしを
両方のほおにつける。

♪とんとんとんとん
てんぐさん

4 ①の動作の後、
両手のこぶしを
鼻の上に重ねる。

♪とんとんとんとん
めがねさん

5 ①の動作の後、
両手で輪を作り、
目の周りに当てる。

♪とんとんとんとん
おでこさん

6 ①の動作の後、
両手のこぶしを
額に当てる。

♪ソ　ファ　ミ　レ

❼ 両手を上に、前に出してから、耳をつまんでおじぎする。

♪ド　ド　ド

❽ 拍手を3回する。

あそびのヒント　両手を握ってできるポーズはたくさんあります。子どもたちにリクエストしてもらってもよいでしょう。

例

ネコさん

ネズミさん

ウサギさん

忍者さん

『とんとんとんとんひげじいさん』　作詞／不詳　作曲／玉山英光

3歳児から

座ったままでも楽しい
「幸せなら手をたたこう」

みんなで元気に歌いながら、
いろいろなところをたたいて触れ合いましょう。

あそびかた

1番

♪しあわせなら　てをたたこう～
ほらみんなで　てをたたこう

みんなで歌いながら、
リズム符のところで
2回ずつ手をたたく。

2番

♪しあわせなら　あしならそう～
ほらみんなで　あしならそう

同様に床を2回踏んで鳴らす。
足が床に届かないときは、
ひざを2回ずつたたく。

3番

♪しあわせなら　かたたたこう～
ほらみんなで　かたたたこう

同様にリズム符のところで
隣の子の肩を2回ずつたたく。

4番

♪しあわせなら　さいしょから～
ほらみんなで　さいしょから

同様にリズム符のところで
1～3番の動作をする。

あそびのヒント 隣どうしで、いろいろなパフォーマンスを楽しんでみましょう。

♪しあわせなら
いいこいいこしよう

お互いの頭をなでる。

♪しあわせなら
てをあわそう

向き合って両手を合わせる。

♪しあわせなら
あくしゅしよう

握手する。

♪しあわせなら
ジャンケンしよう

ジャンケンする。

♪しあわせなら
しゃしんうつそう

カメラのシャッターを
押すポーズ。

♪しあわせなら
ウインクしよう

ウインクする。

『幸せなら手をたたこう』　作詞／木村利人　アメリカ民謡

2 歳児から

両手を合わせて

「パンパンサンド」

子どもたちは、食べ物の歌あそびが大好きです。
パンパンパンとおいしいサンドイッチを作りましょう。

あそびかた

♪ふんわりパン

① 右手を開き、手首を回転させて前に出す。

♪ふんわりパン

② 左手で①の動作をする。

♪(ジャム)をーはさんで

③ ジャムを塗る動作をする。

♪(ジャム)サンド

④ 両手を横にし、交互に合わせる。

♪パンパンパン

5 顔の左前で拍手を3回する。

♪パンパンパン

6 顔の右前で拍手を3回する。

♪ほーら　できあがりー

7 両手を返して前に差し出す。

いただきまーす♪

8 みんなで食べるまねをする。

あそびのヒント

子どもたちに、何サンドが好きか聞いてみましょう。ハムサンド、コロッケサンド、卵サンド、野菜サンド……。動作を考えるのもおもしろいですね。

『パンパンサンド』　作詞／阿部 恵　作曲／宮本理也

ふ んわ りパン　ふ んわ りパン　(ジャ ム)を ーは さん で(ジャ ム)サ ンド
パン パンパン　パンパンパン　ほー ら で き あ が り ー

2歳児から

シンプルだけど楽しい

「あたま・かた・ひざ・ポン」

手あそびといえば、絶対にはずせない定番。
動きが小さく単純なので、バスの中でも十分に楽しめます。

あそびかた

♪あたま　かた

① 両手を頭、肩の順に置く。

♪ひざ　ポン

② 両手をひざに置き、拍手を1回する。

♪ひざ　ポン　ひざ　ポン

③ ②を2回繰り返す。

♪あたま　かた　ひざ　ポン

④ ①②の動作をする。

♪め　みみ　はな　くち

5 両手で目、耳、鼻、口の順に触れる。

あそびのヒント

「♪ひざ　ポン」の部分を「♪おしり　ポン」「♪せなか　ポン」と替えてもよいでしょう。

せなか
ポン

バス遠足

お役だち情報

スーパーの手提げ袋を大きさ別に分けてたたもう

汚れた物を入れたり、ごみを入れたり、落ち葉や石など拾った物を入れたり、何かと役にたつスーパーの袋。小さくたたんで大きさ別に分類しておくと、必要に応じて取り出せるので、とても便利です。

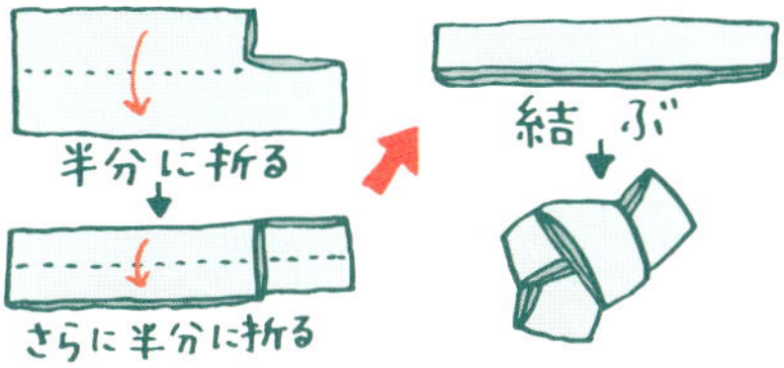

半分に折る
さらに半分に折る
結ぶ

『あたま・かた・ひざ・ポン』　訳詞／高田三九三　イギリス民謡

あ たまかた ひざポン ひざポン ひざポン
あ たまかた ひざポン め みみ はな くち

3
歳児から

手合わせあそび

「おてんきジャンケン」

隣どうしでグー・チョキ・パーの手合わせあそび。
負けたらたいへん！ 子どもたちは真剣そのものです。

あそびかた

♪セッセセの

❶ 手を取り合って
上下に振る。

♪よいよいよい

❷ ①の手を
クロスして振る。

♪きょうのおてんき

❸ 拍手を4回する。

♪どんなかな

❹ 相手と手合わせを
3回する。

♪パーッとはれた
いいてんき

❺ 両手をパーにして上げ、
そのままゆっくり下げる。

♪グングンでてきた
くろいくも

❻ 両手をグーにして、
回しながら高く上げる。

♪チョッピリあめも
ふってきた

7 両手をチョキにして回しながら下げる。

♪おてんき　おてんき

8 拍手を2回して、次に手合わせを2回する。

♪ジャンケンポン

9 ジャンケンをする。

ゴロゴロ
ゴロゴロ
ドシーン!
ドシーン!

10 勝った子は負けた子が広げた手のひらを、「ゴロゴロゴロゴロ」と言いながらくすぐり、保育者の「ドシーン!」の合図で、手のひらをたたく。

『おてんきジャンケン』　作詞・作曲／黒川幼稚園　阿部 恵（補作）

セッ セ セ の よい よい よい きょ う の お て ん き どん なが な
パーッ と は れ た いい て ん き グン グン で て き た く ろい く も
チョッ ピ リ あ め も ふっ て き た お て ん き お て ん き ジャン ケン ポン

4
歳児から

ストーリーが楽しい

「山ごやいっけん」

はじめに「山小屋に優しいおじいさんがいてね……」などと、
ストーリーをお話ししてからあそびましょう。

あそびかた

♪やまごやいっけん
ありました

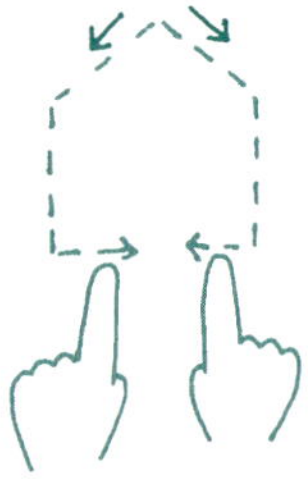

1 両手の人さし指で
小屋の形をかく。

♪まどからみている
おじいさん

2 両手の人さし指と
親指でめがねを作り、
目の周りに当てて
顔を左右に揺らす。

♪かわいいうさぎが

3 右手をチョキにして
ウサギに見たてる。

♪ぴょん　ぴょん　ぴょん

4 チョキの指を3回、
曲げたり
伸ばしたりする。

♪こちらへにげてきた

5 ④の動作をしながら
右から左へ移動する。

♪たすけて!　たすけて!
おじいさん

6 両手を上げ、手首を
4回前に揺らす。

♪りょうしのてっぽう
こわいんです

7 左手で右ひじを支え、
右手は鉄砲のポーズで、
上下に4回振る。

♪さあさあはやく
おはいんなさい

8 両手で4回
手招きをする。

♪もうだいじょうぶだよ

9 右手のチョキを
ウサギに見たて、
左手でなでる。

あそびのヒント

ほかの動物でもやってみましょう。
③～⑤は、それぞれの動物の動作で、左右に動きます。

♪ちいさなリスが
チョロ　チョロ　チョロ

両手を合わせて、
口のところへ持っていく。

♪くねくねヘビが
ニョロ　ニョロ　ニョロ

両腕を左右に動かす。

♪ぴよぴよトリが
パタ　パタ　パタ

両手を広げて上下に振る。

『山ごやいっけん』　作詞／志摩 桂　アメリカ民謡

やまごやいっけん ありました まどからみている おじいさん かわいいうさぎが
ぴょんぴょんぴょん こちらへにげてきた たすけて！ たすけて！ おじいさん
りょうしのてっぽう こわいんです さあさあはやく おはいんなさい もうだいじょうぶだよ

3歳児から

にらめっこあそび

「ちょいとそこの赤おにどん」

隣どうしでダイナミックに、にらめっこ。
笑ったら負けの罰ゲームも、子どもたちのお楽しみです。

あそびかた

♪ちょいと　そこの　あかおに　どん

1 左手を腰に、右手で4回相手を指さす。

♪どちらが　つよいか
にらめっこ　しましょ

2 両手を腰に当て、座ったままでしこを踏む（足は床につかなくてもよい）動作をする。

♪わらうと

3 両手を顔の横に広げて、キラキラさせる。

♪たべちゃう

4 両手を上下に重ねて、パクパクと食べる動作をする。

♪あっぷっぷ

5 おもしろい表情で、にらめっこをする。

6 先に笑った子の負け。
勝った子は、負けた子の
体の好きなところを、1か所
軽くつまんで食べるまねをする。

バス遠足
お役だち
情報

あると便利なクーラーボックス

クーラーボックスに氷や保冷剤を入れておくと、急な発熱や打ち身・ねんざなどで患部を冷やすときに重宝します。ぬらしたタオルを数本入れておいてもよいですね。

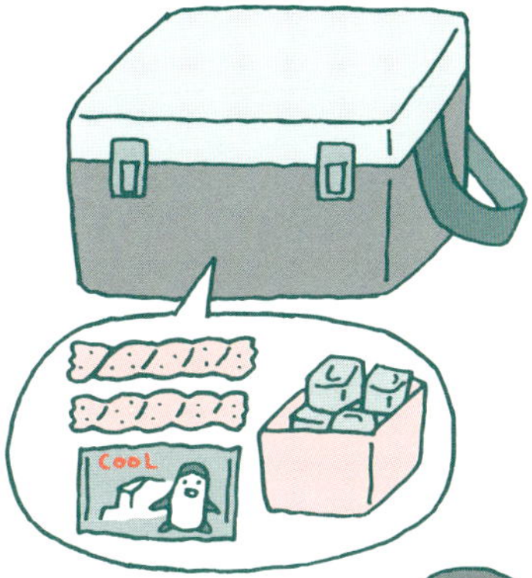
COOL

うん
これで
冷やし
ましょうね

『ちょいとそこの赤おにどん』 作詞／阿部 恵　作曲／宮本理也

ちょ いと そ この あ かお に どん ど ちら が つ よい か

に らめっ こ し ましょ わ らう と た べちゃ う あっ ぷっ ぷ

2
歳児から

大きさくらべっこ
「ぞうさんとねずみさん」

ゾウさんとネズミさんの持ち物比べ。
思い切りオーバーに表現してあそびましょう。

あそびかた

1番

♪ぞうさんの

1 両手で両ひざを2回たたく。

♪(ぼうし)は

2 頭に両手をのせる。

♪でっかい

3 大きい動作で両手を上げる。

♪ぞー

4 拍手をする。

♪これくらい
(4回繰り返す)

5 両手で帽子の大きさを表し、少しずつ大きくしていく。

♪これくらいー

6 両手を伸ばし、思い切り大きく広げる。
*隣の子にぶつからない程度。

2番

♪ねずみさんの

❶ 両手で胸を2回たたく。

♪(ぼうし)は

❷ 頭に両手をのせる。

♪ちっちゃい

❸ 両手を胸の前に
小さく広げる。

♪ねー

パン

❹ 拍手をする。

♪これくらい
(4回繰り返す)

❺ 両手で帽子の大きさを
表し、少しずつ
小さくしていく。

♪これくらいー

❻ 両手を丸く合わせ、
上下に振る。

あそびのヒント

帽子のほかに、かばん、靴、ハンカチ、お弁当箱などでもあそんでみましょう。
いも掘りや果物狩り遠足のときは、「♪(ぼうし)は」の部分を「♪おいもは
(リンゴは)」のように替えてもいいですね。

『ぞうさんとねずみさん』　作詞・作曲／阿部 恵

1．ぞう　さんの(ぼ　う　し)は　で　っ　か　い　ぞー
2．ねずみ　さんの(ぼ　う　し)は　ち　っちゃ　い　ねー
これ くらい　これくらい
これ くらい　これくらい　こ　れ　く　ら　い　ー

バス遠足
お役だち
情報

乗り物酔い対策1　家庭へのお願い

乗り物に弱い子にとっては、ちょっぴり不安なバス遠足。
保育者と保護者のちょっとした気配りで、かなり防ぐことができます。
園でカバーしきれないことは、前もって家庭にお願いしておきましょう。

健康管理が大事

かぜぎみで体調がすぐれないときや、寝不足のときなどは、乗り物酔いしやすいものです。健康管理には十分気をつけ、特に、前日は早めに就寝させてもらいます。また、いくら楽しみにしていた遠足でも、体調がすぐれないときは、無理せず参加を見送るよう伝えておきましょう。

酔い止めの薬は乗車1時間前までに

薬は効いてくるまでに時間がかかります。朝食後、乗車の1時間前までに飲ませてもらいましょう。

朝食はいつもより早い時間に

当日の朝食は、消化のよい物をいつもより軽めにしてもらいます。食べてすぐ乗車という状況を極力避けるために、乗車の1時間前には、食事をすませてもらいましょう。遅くとも、30分前にはすませ、できれば、排便もすませておくようにお願いしましょう。

胃を圧迫しないようなくふうを

胃が圧迫されると、気分が悪くなることが多いようです。ウエストを締めつけず、ゆったり楽な服装にしてもらいます。下を向くと酔いやすくなるのも、胃が締めつけられるためです。また、食後しばらくはゆっくりして、はしゃぎ回らないように注意しましょう。

Part 2

みんなで楽しむ
ゲーム&グッズあそび

ちょっと退屈してきたかな……そんなときは、
ハンカチや巻末の絵カードなどを使った
ゲームやパフォーマンスで、
子どもたちを盛り上げましょう。

3 歳児から

よーく聞いて考えて

「お買い物ゲーム」

『やおやのおみせ』の歌に合わせてあそびます。
八百屋さん、パン屋さん、お花屋さん ……リズミカルにお買い物をしましょう。

あそびかた

1. 保育者が「毎度おなじみ○○○屋でーす。みんなでお買い物をしてくださいね」と呼びかけ『やおやのおみせ』を歌う。

2. ○○○の部分にお店で売っている物の名まえを次々にあげていく。子どもたちは売っている物なら拍手2回、売っていない物なら「ブッブー」と言って手をひざに置く。これを繰り返す。

例

♪パンやさんの　おみせにならんだ　しなもの　みてごらん　よくみてごらん　かんがえてごらん→メロンパン（拍手2回）　食パン（拍手2回）　パンダ（ブッブー）　あーあ

あそびのヒント

お店屋さんを遠足の目的地に替えてもいいですね。行き先が海や水族館なら魚、遊園地なら乗り物、動物園なら動物の名まえに替えてみましょう。

例

♪みんなで　すいぞくかんに　いきましょう　いきましょう　どんなさかなが　およいでいるかな　タイ（拍手2回）　ヒラメ（拍手2回）　イワシ（拍手2回）　クマノミ（拍手2回）　タイヤ（ブッブー）
あーあ

バス遠足 お役だち情報

踏み台で乗り降りがスムーズに

観光バスなどの乗り口のステップは、子どもたちには高すぎて、乗り降りしにくいものです。踏み台を1つ用意しておくと、スムーズに乗り降りできます。

♪タイ、
ヒラメ、
イワシ…
ブップー
ブップー

『やおやのおみせ』　作詞／早川 進　作曲／坪田幸三

や　お　や　の　お　み　せ　に　な　らん　だ　し　な　も　の　み　て　ご　ら　ん
よ　く　み　て　ご　ら　ん　かん　が　え　て　ご　ら　ん
（保育者）
（全員）
○　○○（拍手または ブッブー）　あ　ー　あ

3
歳児から

答えはひとつ
「お返事はハイ！」

保育者の質問に子どもたちの返事がかみ合わず、みんなで大爆笑。おもしろい質問を考えておきましょう。

あそびかた

保育者に何を言われても、聞かれても、子どもたちの返事は「ハイ！」。
全員で一緒に答えたり、指名して1人ずつ答えたり、変化をつけてあそぶ。

おもしろ質問 例

- みなさん、きょうは遠足ですね。おいしい給食とおやつを、持ってきましたか?
- では時間がないので帰りましょうね。
- おやつは虫歯になるから食べたくないですか?
- ○○先生はきのうで2歳。かわいいですか?
- 園長先生は大福が大好きで、一度に30個も食べたって、本当ですか?

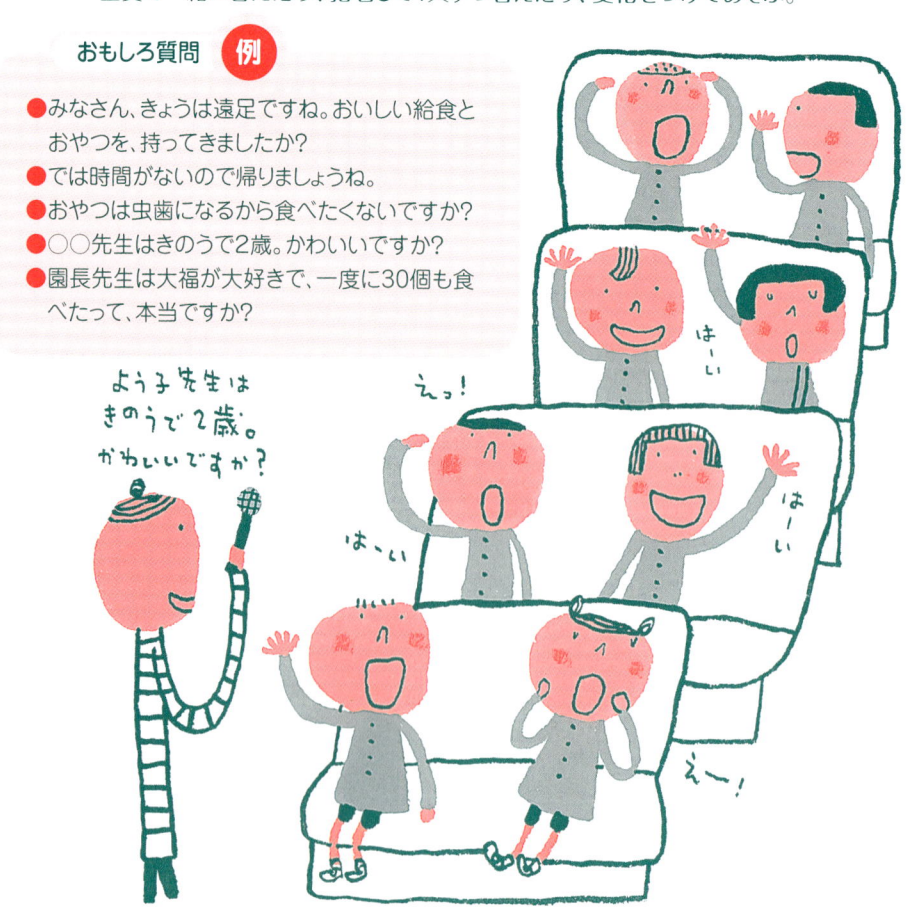

3歳児から

一気に気分転換!

「ふわふわ風船回し」

子どもたちに退屈そうな様子が見られたら、
バスが停車している休憩時間に体を動かしてあそびましょう。

あそびかた

子どもたちのお気に入りの音楽をかけ、前の列から風船を後ろに飛ばす。
保育者は中に入って、適当にコントロールしながら、
みんなが、風船に触って飛ばせるようにする。音楽が終わったら終了。

あそびのヒント

5歳児の場合は、風船を2~3個にして、いつどこから飛んでくるか予測がつかないようにしましょう。よりゲーム性が高くなります。左右の列で、落としたら負けの対抗戦としてもあそべます。

4
歳児から

つかまえっこゲーム
「のり巻き食べよう」

**耳を澄まして、よーく聞いていないと食べられちゃう。
緊張感たっぷり、ハラハラドキドキのゲームです。**

あそびかた

1. 2人で1組になり、1人がのり巻き、もう1人はのり巻きを食べる子になる。
2. 食べる子は、相手の手首を握る構えをする。
3. 保育者は、「食べよう、食べよう！ おいしいのり巻き」と唱える。保育者が「のり巻き」と言ったところで、食べる子は両手で相手の手首を握って捕まえる。のり巻きの子は、食べられないように腕を抜く。

いくわよ！
ぼくのり巻き
わたし食べる人
食べよう 食べよう
おいしい のり巻き
あっ、逃げられた！

4 保育者は、「のり巻き」のところを、「のり、のり、のり、のりせんべい」「の、の、の、のりもの」「の、の、の、のりこせんせい」など、わざと引き伸ばしたり、違う物を言ったりしてフェイントをかけ、おもしろさを高める。

5 うまく捕まえることができたら、食べるまねをする。捕まえられなかったり、違う物のときに捕まえた場合は、役を交替する。

3歳児から

うちわでゲーム

「勝ち抜きジャンケン」

保育者対子どもたちで対戦するゲームです。
グー・チョキ・パーを出す手にも、思わず力が入ります。

●用意する物

グー・チョキ・パーをかいたうちわ（後ろの席でも見えるくらいの大きさ）

あそびかた

1 みんなで『げんこつやまのたぬきさん』などを歌い、最後に保育者はうちわを、子どもたちは手を高く上げて、グー・チョキ・パーのいずれかを出す。

2 保育者の出したうちわに負けた子と、あいこの子は手をひざに置く。

次、いきますよ

3 勝った子と保育者でジャンケンを繰り返し、最後まで残った子がチャンピオン。

パチパチ
パチパチ
ジャンケンチャンピオンに拍手

バス遠足

お役だち情報

ゲームは簡単で みんなが楽しめるものを

バスの中でのゲームは、自由に動けない、かさばる物は用意できないなど、制約も多く、また、座席もバスの前と後ろでは離れているため、細かい説明もしにくいものです。できるだけシンプルで、みんなが楽しめるものを用意しましょう。ジャンケンゲームはそれ自体が簡単で、だれでも参加できますが、大型バスの後ろの席になると、前が見えにくいこともあります。その点うちわなら、後ろの席でもはっきり見えるので、全員楽しく参加できます。

見えな〜い!
見えないー

『げんこつやまのたぬきさん』　わらべうた

げん こ つ や ま の た ぬ き さ ん おっ ぱ い の ん で
ね ん ね し て だっ こ し て おん ぶ し て ま た あ し た

3
歳児から

何が落ちるかお楽しみ

「おちた おちた」

ノリのよいリズムで、子どもたちに人気のあそびです。
巻末の絵カードを使ってもよいでしょう。

あそびかた

『おちた おちた』をみんなで歌い、保育者は「りんご」の部分を替えて歌う。子どもたちはそれぞれに合わせたポーズをする。

♪かみなりさまが
落ちた
たいへんだ！
おへそを隠せ！

例

♪りんごがおちた

食べるまね

♪てんじょうがおちた

両手で支えるまね

♪あめがおちた

かさをさすまね

『おちた おちた』 わらべ歌

2/4
お ち た お ち た な に が お ち た りんごが おちた

あそびのヒント 1

「♪おちた」の部分を替えてみよう

いろいろな動物が鳴いたり、飛んだりしても楽しいですよ。
保育者がポーズをして、子どもたちが当ててもよいでしょう。

例

♪ないた　ないた　なにがないた

ニャーオ
ニャンニャン
ネコが鳴いた

スズメが鳴いた、
セミが鳴いた、ウマが鳴いた……

♪とんだ　とんだ　なにがとんだ

ひらひら
ふわふわ
チョウチョウが飛んだ

トンボが飛んだ、飛行機が飛んだ
ロケットが飛んだ……

あそびのヒント 2

絵カードを使ってみよう

「♪おちたおちた　なにがおちた」と歌い、保育者は絵カードを出します。星の絵カードなら「お願い事をしましょう」など、動きを伝えます。

♪おほしさまがおちた
ケーキ屋さんになれますように
♪おちた おちた
お願いしよう

2
歳児から

大道芸を楽しもう

「南京たますだれ」

昔ながらの大道芸を、バンダナを使って演じます。
何になるかな？　いろいろな変身を楽しみましょう。

●用意する物　バンダナ 2枚（重ねて棒状に丸める）　※糊をきかせておくと良い。

演じかた

保育者はリズムに合わせてテンポよく、バンダナ棒をいろいろな物に変身させる。4～5歳児なら見るだけでなく、何に変身したか当てっこするのも楽しい。

♪あっ　さて　あっ　さて　さては
クネクネ　バンダナぼう
なにができるか　なにができるか

あっさて
あっさて

1 歌いながらバンダナ棒を振ったり、クネクネさせたりする。

♪おたちあい　やー

おたち
あい
やー
ジャン
ジャン

2 「♪やー」で変身する。

あっ　さ　て　あっ さ　て　さ　て　はクネ　クネ　バ　ン ダ　ナ ぼう
な　に　がで　きる　か　な　に　がで　きる　か お　たち　あ い　やー

例
バットのように構えて
野球選手
目のそばに当てて
望遠鏡
片手に持って床について
つえ
両手に持って床について
ゴルファー
鼻につけて
ゾウ
おしりにつけて
しっぽ
輪にして
バスの運転手さん
輪にして頭にのせて
天使またはカッパ
2回折って耳に当てて
携帯電話

2
歳児から

カードであそぼう1
「ほしいのどっち?」

簡単な絵カードあそびです。
保育者の呼びかけ次第で盛り上がります。

●用意する物　巻末の絵カード

あそびかた

1. 保育者は子どもたちに見えないように、２枚の絵カードを裏返して持つ。「さあ、ほしいのはどっちかな？」「こっちかな？　それともこっちかな？」とテンポよく呼びかける。

2. 「どっちかな？　どっちかな？」と言いながらカードを左右に振る。

3 「こっちがほしい人？」とカードを1枚ずつ掲げ、どちらがほしいか子どもたちに聞く。子どもたちはほしいと思うカードが上がったら手を上げる。

4 保育者は期待を持たせるように「さあ、それでは一緒に出しますよ。いち、にの、さん!」と言ってカードを表にする。

あそびのヒント

動物の絵カードを用意し、「動物園にいたのはどっち？」、食べ物の絵カードで「食べたいのはどっち？」など、巻末の絵カード以外にもテーマ別に作っておくと、普段からいろいろなシーンで使えて便利です。すべてをまぜこぜにしてあそぶと、「食べたいのどっち？」なのに、イチゴとブランコのような予想外の展開が楽しめます。

3歳児から

カードであそぼう2

「遠足へゴーゴー」

遠足に持っていく物と持っていけない物、さあ、どっち?
絵カードを使って、歌に合わせてあそびます。

●用意する物

巻末の絵カード

すいとう
おべんとう
おやつ
おばけ
ぶらんこ

あそびかた

1 保育者は子どもたちに見えないように、絵カードを裏返して持つ。「さあ、これから遠足に持っていく物を出しますよ。いる物かどうか考えてね。いる物なら○、そうでなければ×で教えてね」と言って、みんなで『遠足へゴーゴー』を歌う。

ハーイ
いる物か
いらない物か
当ててね

2 「♪ゴーゴー」の部分は右手を高く上げる。

♪ゴー ゴー
♪えんそくへ

3 保育者は「♪なにもって　ゴーゴーゴー」の後、子どもたちに「さあ、持っていきますか？持っていきませんか？」と聞く。子どもたちは何が出るかを予想して、両手で○か×かを示す。

どっちかな？
持っていく！
持っていかない！

4 保育者はカードを表にして、おもしろおかしくコメントし、歌いながら繰り返す。

これを忘れたら悲しくなっちゃうね
おやつ
はずれちゃった
よかった
うわー、おばけだっていっしょに行きたい？
おばけ
またはずれちゃった
いらない

『遠足へゴーゴー』　作詞／阿部 恵　作曲／柳田ヒロ

えん そ く へ ー ゴ ー ゴ ー ー （ゴ ー ゴ ー ー）
げ ん き に ー ゴ ー ゴ ー ー （ゴ ー ゴ ー ー）
えん そ く へ ー ゴー ゴー ゴ ゴ ー
えん そ く へ ー ゴー ゴー ゴ ゴ ー
な に も っ て ー ゴー ゴー ゴー
○ ○ ○ ○ ○ ー ゴー ゴー ゴー

＊○○のところはカードに合わせて歌いましょう。

3 歳児から

カードであそぼう3

「ピコピコテレパシー」

歌に合わせてピコピコピコとテレパシーを送ります。
当たっても当たらなくても、子どもたちから歓声が上がります。

●用意する物　巻末の絵カード

あそびかた

絵カードは裏にして、出す順番に重ねておく。始める前にカードの裏を見せ、「カードには食べられる物と食べられない物がかいてあるの。みんなはテレパシーを送って、どっちか当ててね」と声をかけ、歌に合わせてあそぶ。

♪おいしものは

1 両手の人さし指でほおを軽くつつく。

♪まる

2 胸の前に両手で小さな○を作る。

♪まる

3 両手を上に伸ばして大きな○を作る。

♪たべられないもの

4 右手を開いて胸の前で左右に振る。

♪ばつ

5 胸の前に両手の人さし指で×を作る。

♪ばつ

6 胸の前に両手で大きな×を作る。

♪ピコピコピコピコ
テレパシー

7 両こめかみから
カードに向かって、
両手の人さし指を
伸ばす。

♪いちにーさん

8 3回拍手する。

♪はいポーズ

9 すばやく○か×を
大きなポーズで出す。

あっ
しっぱい!
いちご
イチゴでした!
やった!

10 「さあ、めくりますよ。いち、にの、さん!」と言って
カードを表にする。

あそびのヒント

●カードをめくるときは、「○かな？　×かな？」と少しじらしながら、子どもたちの期待を高めましょう。

●絵カードは多いほうが楽しめます。巻末のカード以外にも作っておいて、あそびの幅を広げましょう。

『ピコピコテレパシー』　作詞／阿部 恵　作曲／宮本理也

おいしいものはまる　まる　たべられないものばつ　ばつ
ピコピコピコピコテレパシー　いちにーさん　はいポーズ

4
歳児から

ハンカチであそぼう1

「ハンカチジャンケン」

2人組のジャンケンあそびは、バスの中であそぶのに最適です。
勝ったらおばけになるのもお楽しみです。

●用意する物　　ハンカチ 1人1枚

あそびかた

1. たたんだハンカチを左手にのせ、『ハンカチジャンケン』を歌いながら、リズミカルにハンカチを4回たたく。

2. 続けてジャンケンをし、勝った子はハンカチを頭にのせておばけになる。

ポン
ポン

ポン
ポン

あそびのヒント

●保育者が進行役になって、あそびをリードします。
●罰ゲームは1回戦ごとに全員一緒に行います。
●あそびがエスカレートして、座席に立ち上がることのないよう留意しましょう。

『ハンカチジャンケン』　作詞・作曲／阿部 恵

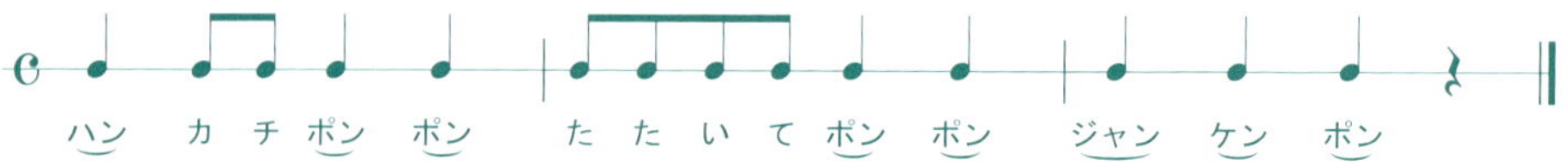
ハン カ チ ポン ポン
た た い て ポン ポン
ジャン ケン ポン

♪ハンカチおばけが　フワフワー

♪かみのけさわって　フワフワー
かーたをさわって　フーワフワー

3 保育者は『ハンカチおばけ』を歌い、勝った子は歌に合わせて負けた子の前でおばけのように両手をフワフワさせる。

4 勝った子は歌に合わせて、おばけらしく負けた子の髪の毛、次に肩をフワフワと触る。

♪さわってばかりじゃ　つまんない

♪くすぐろう!

5 勝った子は負けた子の顔の前で両手を垂らし、おばけのように手を左右に振っていやいやの動作をする。

6 最後の「くすぐろう!」で、勝った子は負けた子をくすぐる。

『ハンカチおばけ』　作詞・作曲／阿部 恵

ハン カ チ お ば け が フ ワ フ ワー か み の け さ わ っ て
フ ワ フ ワー か ー た を さ わ っ て フ ー ワ フ ワー
さ わ っ て ば か り じゃ つ ま ん な い く す ぐ ろ う!

2
歳児から

ハンカチであそぼう2

「南極探検へGO!」

南極に住む生き物たちのお話です。
子どもたちはハンカチシアターをゆっくり楽しみます。

●用意する物　ハンカチ 1枚
＊糊をきかせて
おくとよい。

演じかた

寒くて冷たい南極には、
大きな氷の山があります。

① ハンカチを胸の前に広げて持ち、
三角に折る。

暖かくなったので、
氷の山が少しずつ溶けてきました。

② ハンカチを胸に当てたまま、
三角の底辺の部分を少し折り返す。

氷の山はドンドン溶けて、
こんなに小さくなってしまいました。

③ ハンカチをクルクルと上に折り返す。

まあ、寒くないのかしら?
クジラさんが元気に泳いでいますよ。
でも、ピューッと高く潮を吹いて
どこかに行ってしまいました。

④ ハンカチを真ん中から半分に折り、
スイスイ泳がせる。

今度はカモメさんが飛んできました。

5 図のように持って開き、翼に見たてる。

気持ちよさそうに飛んでいますね。
どこへ行くのでしょう。

6 開いた部分を翼のように動かす。

カモメさんは氷の山に
降りました。

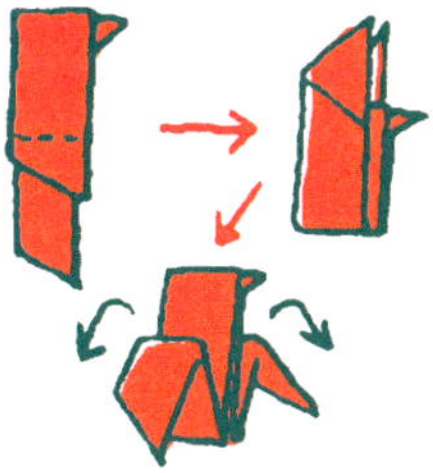

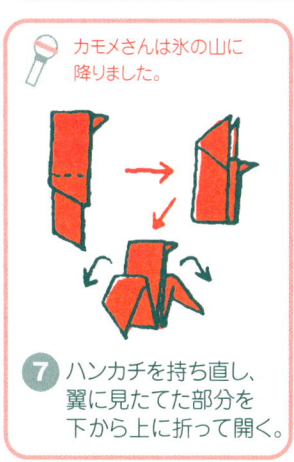

7 ハンカチを持ち直し、
翼に見たてた部分を
下から上に折って開く。

そこにいたペンギンさん。
「いいなー。ぼくも
飛びたいな」と、一生懸命
飛ぼうとしていました。

8 ペンギンを動かす。

それを見たカモメさん。
「ペンギンさんは、海の中を
じょうずに泳げるじゃない」
と、うらやましがりました。

9 ハンカチを
カモメの形に戻す。

ペンギンさんは「うん。そうだった。
泳ぎならクジラさんにだって負けないよ」と言って、
海に飛び込んでスイスイ泳いでいきました。

ペンギンさんは毎日、クジラさんと一緒に、
南極の海を元気に泳ぎ回っていますよ。

10 ペンギンの形にして持ち、スイスイ泳がせながらクジラの形に戻す。

3 歳児から

ハンカチであそぼう3

「おいしいおすしをめしあがれ」

ハンカチでおすし屋さんごっこ。
子どもたちが大好きなおすしをたくさん作って、あそびましょう。

●用意する物　ハンカチ 1枚

あそびかた

「きょうはみんながおすし屋さん。好きな物をドンドン握って食べようね」と言って、保育者がひととおり見本を示し、みんなでおすし屋さんごっこをする。

フー
お茶は熱いから気をつけてね
いただきまーす! 巻きずし
ふんわり卵 おいしーい
ネギトロ巻きよ!
おいしそうだね
早く食べたーい

例

お茶

①ハンカチを半分に折り、さらに横半分に折る。
②端からクルクルと巻いて右手に持ち、左手で受ける。
③「熱いから気をつけてね。おいしい!」と言って、飲むまねをする。

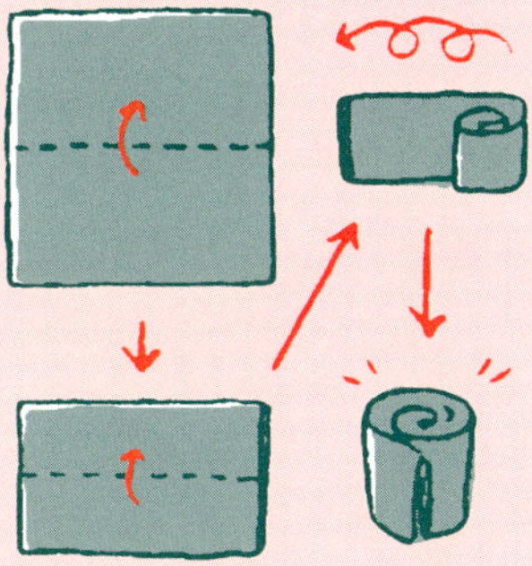

巻きずし

①お茶の①をさらに横半分に折って、端からクルクル巻く。
②「かっぱ巻き、鉄火巻き。先生、大好き!」と言って、食べるまねをする。

卵焼き

①巻きずしと同じ細さにして、縦半分に折り、さらに半分に折る。
②「ふっくら卵焼きのでき上がり。ふんわりおいしい!」と言って、つまんで食べるまねをする。

手巻きずし

①ハンカチを横半分に折り、さらに縦半分に折る。
②円錐のように折る。
③「ネギトロの手巻き、おいしいね。いただきます!」と言って、食べるまねをする。

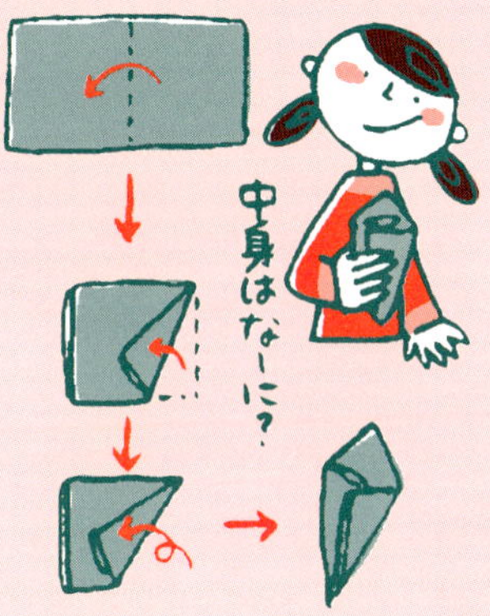

3歳児から

ハンカチであそぼう4

「デザートはバナナ」

ハンカチあそびとしては定番のバナナ。
74ページの「おすし」の後に、「デザートはバナナね」と続けてもいいですね。

●用意する物　ハンカチ 1枚

あそびかた

「おいしいおすしを食べて、おなかいっぱいだね。でも、デザートならまだまだ食べられるよね。みんなでバナナを食べましょう」と呼びかけて始める。

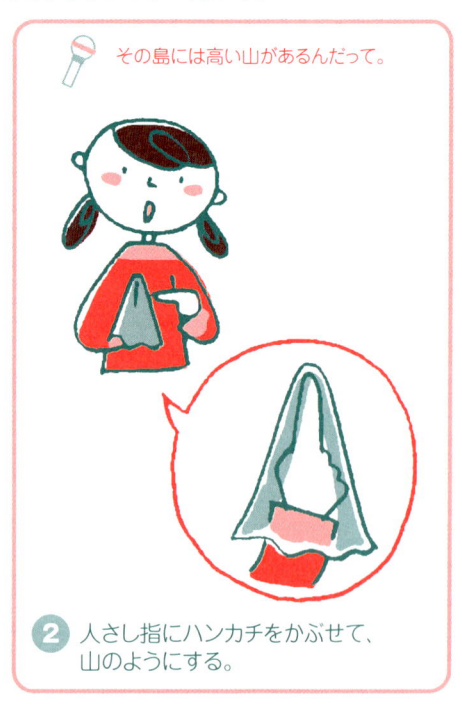

きょうのバナナは南の島でとれたのよ。

❶ ハンカチを胸の前で広げる。

その島には高い山があるんだって。

❷ 人さし指にハンカチをかぶせて、山のようにする。

あそびのヒント

子どもたちは保育者が演じるのを見て楽しむだけでなく、同じようにやってもらってもいいですね。そのとき、保育者はひとつひとつの動作をできるだけゆっくりと、ていねいにしましょう。

その山には、大きなバナナの木があるそうよ。

3 ハンカチの中央をつまみ、
もう一方の手で
下に向かってしごいて細くする。

バナナの木には、葉っぱが何枚あるのかな?
数えてみよう。

4 ハンカチの中ほどを持ち、下の四隅
を「1枚、2枚、3枚、4枚」と
数えながら折り上げる。

ほら、おいしそうなバナナのでき上がり。
あ、おサルさんがやってきたよ。

5 次に、下のほうに持ち替えて、
サルのまねをする。

さっそくバナナを見つけました。
ちゃんと皮もむいていますよ。
「いただきます!」って食べました。

6 折り上げた四隅を折り下げて、
皮をむく動作をし、食べるまね。

3 歳児から

ハンカチであそぼう5

「ドレミファ演奏会」

ハンカチがピアノになったり、ハーモニカになったり……
ハンカチをたたみながらの演奏会ごっこです。

●用意する物　ハンカチ 1枚

あそびかた

子どもたちは保育者の声かけに合わせて
ハンカチをたたみ、演奏のまねをする。

ハンカチを2つにたたんで、ひざに置いたらピアノです。ピアノを弾きましょう。
ドレミファソ　ポロン　ソファミレド　ポロン

ハンカチをまた半分にたたんで、太鼓です。太鼓をたたきましょう。ドレミファソドンドン　ソファミレ　ドンドン

バス遠足
お役だち情報

子どもには小さいシートがぴったり

大きいシートは、子どもが自分で折りたたむには扱いにくくてたいへんです。子どもの体に合った1人用Sサイズ（60×90㎝）くらいがたたみやすいでしょう。日常の保育の中でも、「シートたたみ競争」などで練習しておくとよいですね。

ハンカチをまたまた半分にたたんで、ハーモニカです。ハーモニカを吹きましょう。ドレミファソ　ププー　ソファミレド　ププー

ハンカチをもう一度たたんで、手のひらにのせたらカスタネットです。カスタネットをたたきましょう。ドレミファソ　カッカッ　ソファミレド　カッカッ

あそびのヒント

みんなでミニ演奏会

ハンカチを自分の好きな楽器に見たて、それぞれの動作をしながら、『大きなたいこ』『カエルのうた』『おもちゃのチャチャチャ』などを歌いましょう。

3歳児から

ハンカチであそぼう6

「指さんかくれんぼ」

**ハンカチを使ったかくれんぼあそびです。
ちょっとしたすき間の時間におすすめです。**

●用意する物　ハンカチ 1枚

あそびかた

1. ハンカチで手を隠し、「ここに隠れているのはだれか当ててね。お父さん指かな？　それとも、赤ちゃん指かな？」と言いながら、そーっと１本の指を伸ばす。

2. 「どの指かわかったら、みんなも手を上げて同じ指を出してね」と言って、子どもたちに隠れている指を当ててもらう。

3. ハンカチをはずして、保育者が隠していた指と同じ指を出していた子に、みんなで拍手する。

3
歳児から

ハンカチであそぼう7

「ハンカチ取り」

子どもたちを一気に盛り上げたいときに、ぴったりのあそびです。
安全に配慮して、バスが停車中にあそびます。

●用意する物　ハンカチ 2人で1枚

あそびかた

1 1人の子が片手にハンカチを掛ける。保育者の合図で、もう1人の子がすばやくハンカチを取る。手に掛けている子は、取られないようにしっかり握る。

2 ハンカチを取られたら、役を交代する。
＊取るタイミングを計りやすくするために、「だるまさんがころんだ」など、合図を決めておく。

3
歳児から

ハンカチでマジック1

「変身ハンカチ」

準備は必要ですが、演じ方はとても簡単。
ハンカチと紙筒で、マジックの雰囲気を楽しんでください。

●用意する物

赤と青のようにはっきりと
色の違うハンカチ（すべりのよい物）
右図のような紙筒

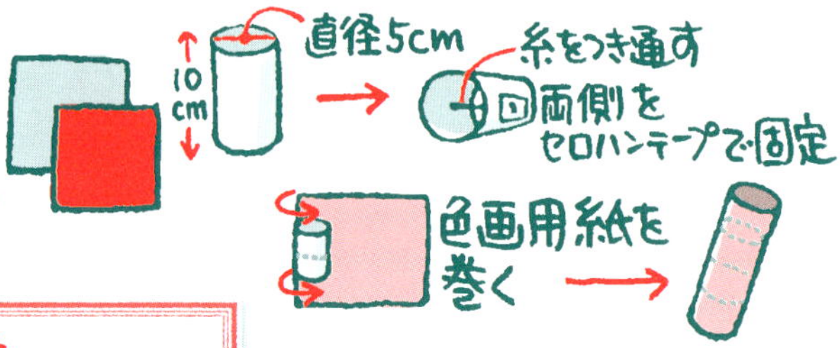
10cm
直径5cm
糸をつき通す
両側をセロハンテープで固定
色画用紙を巻く

演じかた

1 紙筒の中に赤いハンカチを入れておき、青いハンカチと紙筒を持って、「青いハンカチがありますね。これをこの紙筒の中に入れますよ」と言って見せる。

2 紙筒と青いハンカチが子どもたちによく見えるようにして、紙筒の中にハンカチを入れる。

青い
ハンカチが
ありまーす
赤いハンカチは
糸に引っかかって
いる状態

この中に
ハンカチを
入れまーす

3 「ここに息をフッと吹きかけると……」と言いながら、紙筒の上の穴から強めに息を吹き込む。このとき、不自然にならないように紙筒を振る。

4 「あらあら、不思議。青いハンカチが赤いハンカチに変身!」と言って、紙筒の中から先に入れておいた赤いハンカチを取り出す。

5 「今度は赤いハンカチを入れてみるね」と、赤いハンカチを入れる。

6 ③と同じように息を吹き込み、「はい!青いハンカチに戻りました」と言って、青いハンカチを取り出す。

POINT

マジックを成功させるコツ

大切なことは、演じる側が楽しむことです。失敗しないようにと緊張して演じるよりも、笑顔で子どもたちを引きつけます。話しかけながら、ゆっくり演じることも、マジックを成功させる秘訣です。クライマックスでじゅもんやかけ声をかけてもらうなど、見る側を巻き込んで盛り上げましょう。

3
歳児から

ハンカチでマジック2

「生きてるハンカチ」

種もしかけもない、演じかたがポイントのマジックです。
ことばかけと手の動きで、子どもたちを引きつけましょう。

●用意する物　ハンカチ 1枚

演じかた

1 ハンカチを1枚持ち、「このハンカチ、種もしかけもありません」と言って広げ、何もないことを確かめてもらう。

種も
しかけも
ありま
せん

2 さらに、ハンカチの中央を右手でつまみ、何回か振って何もないことを見せる。

ほら、
振って
みるね

3 「実はね、このハンカチ、目に見えないくらい細い糸が出てくるのよ」と言って、ハンカチを左手でしごくようにしてまとめ、左手に持ち替える。

細い糸
が出て
くるのよ
?
何も見えないよ

4 右手の指先でハンカチの先をつまみ、「そーれ、出てこい!　みんなにも糸が見えるかな?」と言いながら、細い糸を引っぱり出すような動作をする。

5 「糸を引っぱってみるね」と、右手の糸を引っぱる動作に合わせて、ハンカチを持った左手の親指を動かし、ハンカチが糸で動いているように見せる。

6 ハンカチを元に戻して、糸が切れたことを強調する。

POINT

ハンカチを握った左手の親指を強く上に伸ばすと、ハンカチは立ち、親指を下に動かすと曲がります。このとき、親指が見えないようにし、ほかの指を動かさないようにしましょう。

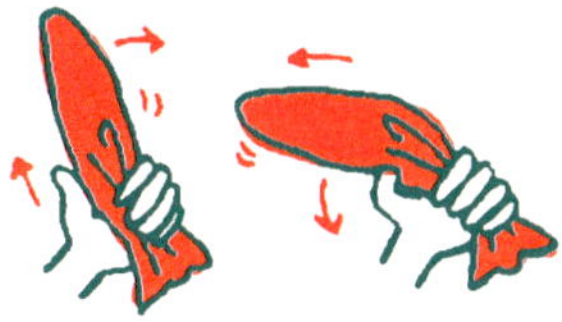

3歳児から

新聞紙でマジック
「どんどん紙テープ」

不思議、不思議、新聞紙を破いたはずなのに、
シュルシュルと出てくるのはカラフルな紙テープです。

●用意する物

新聞紙（1／2面）
紙テープ（しんを抜いておく）
＊紙テープは4～5色つないで、
巻いておくときれい。

演じかた

くしゃっと
つぶす
先を少しだけ
出しておく

紙テープはしんを抜いて
手のひらに隠れるくらいの
大きさにつぶす。

1 左手に紙テープを隠し持ったまま、「みんなのよく知っている新聞です」と言って、子どもたちに見せる。

みんなの
よく知っている
新聞です!
ワクワク
ウン
ドキドキ

2 左手はあまり動かさないようにして、新聞紙を半分に破り、右手の新聞紙を観客側に重ねる。

3 重ねた新聞紙を90度回転させて半分に破り、②と同じように重ねる。

4 紙テープを包むように新聞紙を丸めて、「チチンプイプイのプイ！」とじゅもんを唱える。

5 新聞紙の中心を少し破り、中から紙テープを引き出す。

乗り物酔い対策2　保育者の配慮

楽しい思い出を残すためにも、バスに乗ったら、「元気がない」「あくびが多い」など、子どもたちの変化を保育者はいち早く察知して、気持ちが悪くなる前にすばやく対処しましょう。

休憩時間はバスから降りて

休憩時間には、トイレに行きたくなくてもバスから降りて風に当たり、外の新鮮な空気を吸うようにします。深呼吸をしたり、遠くの景色をながめたりするだけでも、気分転換できるものです。また、15分の休憩を1回とるよりも、7分を2回とるほうが車酔い防止になります。運転手さんにお願いしておきましょう。

座席の配慮

車酔いは、精神的な影響がかなり大きく作用します。席を、気の合う友だちや安心できる保育者の隣にするなど、楽しい雰囲気でリラックスできるようにします。
酔いやすい子はカーブで大きく揺れる後ろの席や、ガソリンのにおいが強い最前列の席は、できるだけ避けましょう。

楽しく盛り上げて

楽しい歌やおしゃべりは、車酔い防止として有効です。ただし、下を向く姿勢は胃を締めつけて、乗り物酔いの原因になることがあります。下を見るようなゲームは避けたいものです。

気持ちが悪くなった子には

窓を開けたり、頭を冷やしたり、衣服を緩めたりして楽にしてあげます。吐いてしまった場合は、周りの子がにおいでつられてしまうこともあります。すばやく処理しましょう。
当人がいちばん精神的にショックを受けています。吐くことは「悪いことではない」ことを話し、気持ちが悪くなったらがまんしないで、早めに保育者に知らせるようにほかの子どもたちに伝えます。

Part 3

頭をひねって
クイズ&なぞなぞあそび

好奇心いっぱいで、普段から質問するのも
されるのも大好きな子どもたち。
遠足にちなんだクイズやなぞなぞで、
頭を使ってあそびましょう。

3歳児から

情報量がポイント!

「運転手さんクイズ」

1日お世話になるバスの運転手さんってどんな人?
クイズを出しながら、最後に運転手さんを紹介しましょう。

あそびかた

1 保育者はあらかじめ、運転手さんの好きな物や得意なことなど、失礼にならない範囲内で取材しておく。そこから子どもたちに問題を出す。同じように、バスガイドさんのクイズもしてみよう。

例

運転手さんのお誕生日は何月?

運転手さんの好きな食べ物は? 嫌いな食べ物は?

運転手さんの得意なスポーツは?

運転手さんが飼っている動物は?

運転手さんの得意なスポーツは何かな?
えーとえーと
サッカーだと思う
おすもうだよー!

2 最後にクイズの答えをまとめて、運転手さん、バスガイドさんを紹介する。

例

4月生まれで、焼き魚が大好き。でも、ピーマンはちょっと苦手。野球が得意でピッチャー。インコを飼っている○○運転手さんです。1日よろしくお願いします。みんなも一緒にお願いしましょう。

よろしくお願いしまーす!

あそびのヒント

イエス・ノー形式で問題を出そう

保育者の問いかけに、「はい」と思う子だけ手をあげます。

「はい」だと思う人は手をあげて
ハーイ
ちがうよー!

例

Q1 運転手さんのきょうのソックスは白です。「はい」かな? 「いいえ」かな?（以下同様に）

Q2 運転手さんの朝ごはんは目玉焼きでした。

Q3 運転手さんのうちにはイヌはいません。

Q4 運転手さんは左利きです。

Q5 バスガイドさんの朝ごはんはパンでした。

Q6 バスガイドさんのペットはネコです。

4歳児から

早とちりに注意!

「だれかな? クイズ」

**お話の主人公や動物など、ヒントを聞いて考えます。
途中までは同じでも、答えは違う問題にするとおもしろいですね。**

あそびかた

保育者は1つずつヒントを出して、子どもに考えてもらう。
わかった子は手を上げて答える。違ったら次のヒントを出す。

Q1

わたしは、白と黒の模様です。
わたしは、とても大きいです。
わたしは、みんなが見にくるのを待っています。
わたしは、ササの葉が大好きです。
さあ、わたしはだれでしょう?

答え:パンダ

Q2

わたしは、白と黒の模様です。
わたしは、とても大きいです。
わたしは、走るのが得意です。
わたしは、草を食べます。

答え:シマウマ

Q3

わたしは、白と黒の模様です。
わたしは、とても大きいです。
わたしは、魚をたくさん食べます。
わたしは、海に住んでいます。

答え:シャチ

Q4

わたしは、女の子です。
わたしは、おばあさんのところへ
行きました。
わたしは、オオカミが嫌いです。
いつも赤い頭巾をかぶっています。
さあ、わたしはだれでしょう?

答え：あかずきん

Q5

わたしは、真っ白です。
わたしは、みんなのお友だちです。
わたしは、ニンジンが大好きです。
わたしは、耳が長いです。
さあ、わたしはだれでしょう?

答え：ウサギ

Q6

わたしは、みんなが大好きです。
わたしは、毎日みんなに「おはよう」
を言います。
わたしは、みんなより年上です。
わたしは、めがねをかけています
(子どもによくわかる特徴を言う)。
さあ、わたしはだれでしょう?

答え：園長先生、主任先生など

Q7

わたしは、男の子です。
わたしは、おじいさんとおばあさんに
育てられました。
わたしは、鬼退治に行きました。
イヌとサルとキジが仲間です。
さあ、わたしはだれでしょう?

答え：桃太郎

あそびのヒント

友だちをクイズにしてみましょう。

例

- きょうは赤い服を着ています。いつもおさげにしています。お絵かきがじょうずです。お片づけをよく手伝ってくれます。さあ、だれでしょう?
- かけっこが速いです。いつも外であそんでいます。冬でも半そでで、半ズボンです。きょうは野球帽をかぶっています。さあ、だれでしょう?

3歳児から

バスの中から見えたのなあに?

「見た物クイズ」

バスの中から見えた物をクイズにしましょう。
帰りのバスであそぶなら、遠足で見た物でもOKです。

あそびかた

バスの中から見えた物を、その特徴をヒントにしてクイズにする。
「みんながバスの中から見た物をクイズにするよ。わかったら答えてね」と言って始める。

例

●バスガイドさんが富士山を案内してくれたら…

Q 白い帽子をかぶった、日本でいちばん高いお山、見えたよね。なーんだ?

答え：富士山

●大きな川を渡ったら…

Q さっき大きな川をまたいできたけど、川を渡る道はなーんだ?

答え：橋

●高速道路では…

Q まん丸の中に数字が書いてあって、道路に立っているのはなーんだ?

答え：交通標識・制限速度

●動物園に行った帰りなら…

Q しましま模様のおしゃれさんは、なーんだ?

答え：シマウマ・トラ・ストライプの服を着ている子など

＊正解にこだわりすぎないで、子どもたちの答えを柔軟に受け入れましょう。

あそびのヒント

「みんな、景色を見ながら形探しをしよう！　まず、三角を探してね。見つけたら教えてね」と、バスの外に興味が持てるようにし、「色探し」「動物探し」などもやってみましょう。

キョロ
キョロ
三角のお山見つけた！
三角を探してね
あ、屋根！

バス遠足

お役だち情報

赤ちゃん連れの保護者への配慮

親子遠足の場合は、赤ちゃん連れで参加する保護者もいます。荷物も多くなり、さらに赤ちゃんを抱いていると、狭いバスの中では動きにくいものです。乗り降りの順番や、座席の位置など、配慮しましょう。

先生助かります
荷物は棚にのせておきますね

3歳児から

とことんなりきって「ジェスチャークイズ」

保育者のオーバーな表現が楽しいクイズです。
行き先に関連するジェスチャーで、子どもの期待を膨らませましょう。

あそびかた

保育者は簡単でわかりやすい動物や人などになりきって、大げさに表現する。後ろのほうの席でも見えるように、上半身だけの動作でわかるものにする。わかった子は手を上げて答える。

例

- ゴリラ、ブタ、ウサギ、ネコ、ラッコ、ゾウなど、特徴がわかりやすい動物
- 警察官、野球選手、バスの運転手さん、バスガイドさん、園長先生など、子どもたちにわかりやすい人物

あそびの
ヒント

3歳未満児へのくふう

3歳未満児向けには、絵本などでなじみのある動物のジェスチャーがよいでしょう。わかりにくそうにしていたら、動物の鳴き声を動作に加えるとよいですね。

バス遠足
お役だち
情報

予備のフォークとおはしを

お弁当の時間になって、「いただきます」というときに、おはしやフォークを忘れて食べられない子が1人や2人はいるものです。そんなときのために、予備のフォークや割りばしを用意しておくとよいですよ。

3
歳児から

絵カードクイズ
「隠れている物なあに?」

バンダナに隠されたカードの正体は……?
少しずつ見えてくる絵から、何かを予測して当てっこします。

●用意する物　巻末の絵カード　バンダナ

あそびかた

保育者は絵カードを1枚選び、バンダナで隠す。いろいろなところを少しずつ見せて、わかった子は手を上げて答える。

さあ、見えてきたよ わかるかな?
なんだろう?
わかった!
オバケ??
ハ～イ!

あそびのヒント
巻末の絵カード以外でも、「動物シリーズ」「お仕事シリーズ」「食べ物シリーズ」などの絵カードを用意しておくとよいでしょう。

4
歳児から

歌って楽しい

「曲名当てっこクイズ」

保育者のハミングから曲名を当て、続きはみんなで大合唱。
元気に歌って気分転換しましょう。

あそびかた

保育者は、子どもたちがよく知っている歌をハミングする。子どもたちは、わかったら手を上げて曲名を言う。当たりなら続きをみんなで歌う。外れたら保育者はハミングを続け、同じように子どもが答える。

4 歳児から

不思議なことば

「逆さでじゅもんクイズ」

「あなたのおなまえは」をアレンジしたクイズです。
仲よしさんでも、名まえを後ろから読むと、知らない人みたいに聞こえます。

あそびかた

保育者は子どもたちに、名まえを後ろから言うことを伝えておく。慣れるまでは名まえだけにし、コツがつかめたら姓まで含める。わかりやすい園長先生や保育者の名まえから始めよう。

先生は、「けいこ」なので「こ・い・け」でも、池じゃないよ

1 みんなで拍手をしながら、『あなたのおなまえは』を歌う。保育者は○○の部分に入る名まえを後ろから言う。

あなたのおなまえは「きみべあ」です
えーと きみ、きみ、……みき？
パチ
パチ
パチ

2 歌が終わったら、わかった子が手を上げて答える。

わかったかな?
みきちゃん!
「あべみきちゃん!

あそびのヒント 人の名まえだけでなく、動物や野菜、花の名まえでもやってみましょう。

例

- ●動物　ダンパ　ラリゴ　ギサウ　ルエカ　ルサ
- ●野菜・果物　カイス　イサクハ　スナ　ゴンリ　ナナバ　ウドブ
- ●花　ラクサ　メウ　レミス　ポポンタ

ダンパ!
ポポンタ
ラクサ!

『あなたのおなまえは』　作詞／不詳　インドネシア民謡

あ　なたのおな　まえは「○○です」あ　なたのおな　まえは「○○です」
あ　なたのおな　まえは「○○です」あら　すてきなおなまえ　ね

4歳児から

難問・珍問がいっぱい

「なぞなぞに挑戦」

おとなも子どもも一緒に楽しめる「なぞなぞ」です。
とんちの利いた答えに、わっはっは……と楽しく過ごしましょう。

あそびかた

車中では、行き先に合わせたなぞなぞや、交通安全なぞなぞがピッタリ！ 答えが出ないときは適当なところでヒントを出して進める。

その1 乗り物なぞなぞ

Q1 トラが9匹で満員になる乗り物なあに?

答え：トラック

Q2 物をあげるための車なのに、何もくれない車はなあに?

答え：クレーン車

Q3 行き先の飛行場が近づくと、飛行機が落とす物はなあに?

答え：スピード

Q4 1台でも99台って言われる乗り物はなあに?

答え：救急車

Q5 人が乗ると、クルクル回るカップはなあに？

答え：遊園地のコーヒーカップ

Q6 リンリンリンって3回ベルが鳴る乗り物はなあに？

答え：三輪車

Q7 はしを5本積んで走る車はなあに？

答え：はしご車

Q8 こいでもこいでも、同じところを行ったり来たりしているのはなあに？

答え：ブランコ

Q9 レールの上や下を走る乗り物はなあに？

答え：モノレール

Q10 バイバイバイバイバイ……と9回も言っているのはなあに？

答え：バイク

その2 食べ物なぞなぞ

Q1 お父さんがいやがる果物はなあに?

答え：パパイヤ

Q2 いっぱいあるのに、
「ない」と言われる果物はなあに?

答え：ナシ

Q3 八百屋さんで売っている
おニクはなあに?

答え：ニンニク

Q4 9本ずつ売られている
野菜はなあに?

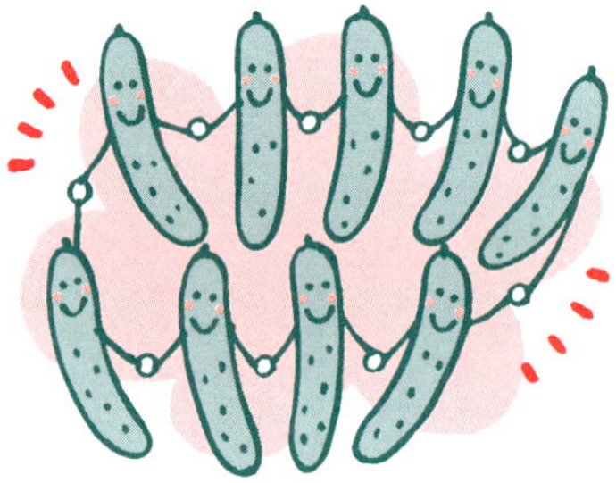

答え：キュウリ

Q5 食べるとおいしいオニって
なあに?

答え：おにぎり

Q6 お正月に食べるゾウってなあに?

答え：お雑煮

Q7 ひとつでも半分の食べ物はなあに?

答え:ハンバーグ

Q8 キツネが好きなスープってなあに?

答え:コーンスープ

Q9 反対から読むと、飲み物に なっちゃう木の実はなあに?

答え:クルミ

Q10 飲むと大きな声で しかられる飲み物はなあに?

答え:コーラ

おまけ

Q

足にある果物は
なあに?

答え:モモ

Q

甘くておいしい、
フワフワの
お寺ってなあに?

答え:カステラ

Q

リンリンリン
リンリン、
これなあに?

答え:リンゴ

Q

遠くでも、
近いと言われる
食べ物屋さんは
なあに?

答え:そば屋

その3 生き物なぞなぞ

Q1 いつもまぶたの中にいる動物は
なあに?

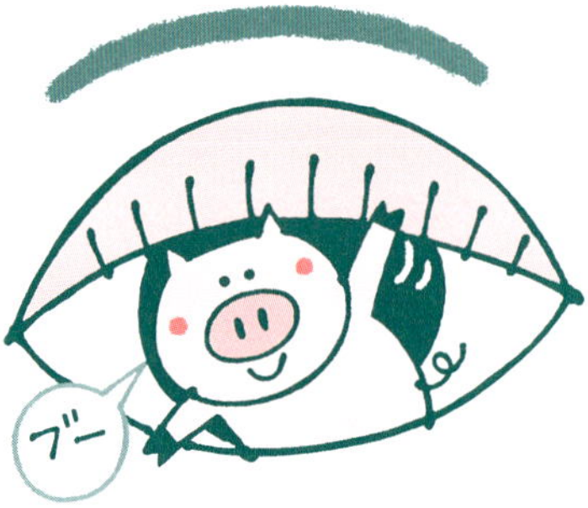

答え：ブタ

Q2 1匹でも10の影を持つ動物は
なあに?

答え：トカゲ

Q3 いつも巣がからっぽの鳥はなあに?

答え：カラス

Q4 車の中にいる動物はなあに?

答え：クマ

Q5 おさいふに隠れている動物は
なあに?

答え：サイ

Q6 「何、食べる?」と聞くと、
答えはいつも、「パン」という
動物はなあに?

答え：パンダ

Q7 お片づけがじょうずな動物はなあに?

答え：シマウマ

Q8 カイはカイでも、そりを引っぱっているカイはなあに?

答え：トナカイ

Q9 海の中で暮らすシカはなあに?

答え：アシカ

Q10 いつも頭にペンをのせて、空を飛べない鳥はなあに?

答え：ペンギン

おまけ

Q
いつもは海の中。
お正月は空高く飛ぶのは
なあに?
答え：たこ

Q
逆立ちすると、
軽いと言われる動物は
なあに?
答え：イルカ

Q
9は嫌いと言う動物は
なあに?
答え：スカンク

Q
帰りたくないのに、
「バイバイ」される動物は
なあに?
答え：カエル

その4 交通安全なぞなぞ

Q1 レールはレールでも、
電車が走れないレールはなあに?

答え：ガードレール

Q2 自転車や車が止まるときに
かけるものはなあに?

答え：ブレーキ

Q3 道の上にあって白くて立派なはしご
なのに、登れないはしごはなあに?

答え：横断歩道

Q4 ベルトはベルトでも、ズボンは締め
られなくて、車に乗ったら必ず締め
る物はなあに?

答え：シートベルト

Q5 だしはだしでも、コンブでも
カツオでもなくて、道路で絶対に
やってはいけないだしはなあに?

答え：飛び出し

Q6 顔を赤くしたり、青くしたり、黄色
くしたりして1年中働いている物は
なあに?

答え：信号

Q7 横断歩道を渡るとき、車にあげる物ってなあに？

答え：手

Q8 丸や三角や四角の顔で、雨の日も雪の日も道路わきに1本足で立って、交通ルールを知らせている物はなあに？

答え：道路標識

Q9 窓なのに顔も手も出しちゃいけないって言われる窓はなあに？

答え：バスや車の窓

Q10 運転手さんが曲がり角で何か落としたよ。それはなあに？

答え：スピード

あそびのヒント

バス遠足だからこそ交通安全なぞなぞで、交通ルールや安全への意識を高めましょう。
答えが出ないときは、たとえばQ1「レールはレールでも、電車が走れないレールはなあに？」の場合、「歩道と車道の間にあるよ」などとヒントを出しましょう。
答えが出たら「ピンポーン、よくわかったね」「みんなを車から守る大事な物だよ。ガードレールの内側を歩こうね」などと、交通安全に結びつけるとよいでしょう。

その5 園生活なぞなぞ

Q1 大きな黒いお口で、白と黒の歯がたくさん並んでいる物はなあに?

答え：ピアノ

Q2 バス停じゃないのに目の前に停まって、みんなを乗せてくれる乗り物はなあに?

答え：園バス

Q3 マンションみたいなのに、靴しか入れないのはなあに?

答え：靴箱

Q4 園庭にある子どもの好きな砂漠ってなあに?

答え：砂場

Q5 四角い顔で、みんなを笑わせたり、ハラハラさせたりする友だちはなあに?

答え：絵本・紙芝居

Q6 子どもじゃないのに歌ったり絵本を読んだり、オニごっこをしたりしてあそぶのはだあれ?

答え：先生

その6 なんでもなぞなぞ

Q1 鳥は鳥でも、糸であそぶ鳥はなあに?

答え：あやとり

Q2 チョウはチョウでも、台所にいる飛べないチョウはなあに?

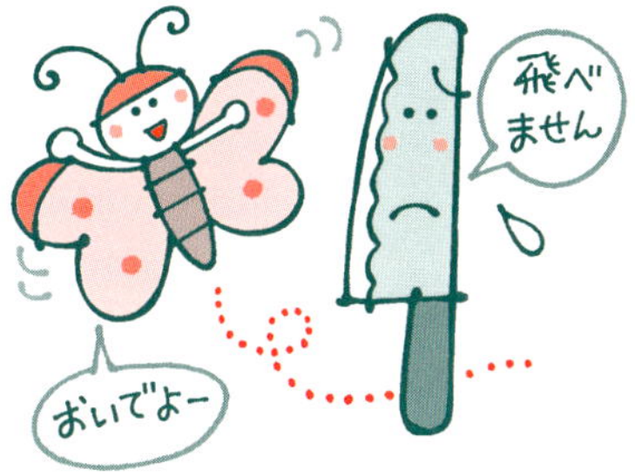

答え：包丁

Q3 クリはクリでも、口から飛び出すクリはなあに?

答え：しゃっくり

Q4 ビルはビルでも、おしゃべりなビルはなあに?

答え：くちびる

Q5 右手では持てるのに、左手では持てない物はなあに?

答え：左手

Q6 眠らないとかけない物はなあに?

答え：いびき

バス遠足

お役だち情報

バスガイドさんからひと言

幼児とのバス遠足を体験しているガイドさんに、感じたことやバスレクのコツなどをうかがいました。今後のバス遠足に役だててください。

取材協力／鈴木加奈子（元バスガイド）

●こんな紹介がうれしい

たいていは、みんなであいさつしてくれますが、「きょう、みんなを○○動物園まで連れて行ってくれる運転手さんのお名まえは、□□さん。一緒に歌ったり、楽しいゲームであそんだりしてくれるガイドさんのお名まえは△△さん」と、保育者の方から名まえを紹介してもらうと、とてもうれしいものです。

また、「きょう、みんなは何時に起きたかな？　そう、いつもより早く起きたね」などと話を進め、「でもね、運転手さんとガイドさんは、もっともっと早起きして、園まで迎えにきてくれましたよ」などと、紹介していただいたこともあります。1日の始まりに、うれしい心づかいです。

帰りも同じように、子どもたちに「ありがとうございました」と元気に言ってもらえたときは、充実した気持ちになります。

●バスレクのコツ

- 子どもたちのよく知っている歌や手あそびなどで盛り上げていきます。興奮しすぎてしまったら、クイズやなぞなぞで落ち着けるようにしています。

- なぞなぞやクイズは、わかった人に、「せーの」でいっせいに答えてもらいます。ひとりずつ答えてもらうと、立ち上がったり、「ハイ!　ハイ!」と騒がしくなったりするので、収拾がつかなくなることもあります。
- クイズは、バスの中から見た景色のことや、信号・交通ルールなどの話をして、それに関した問題を出すようにします。

Part 4

ゆっくり楽しむ
ことばあそび＆素話

たくさんあそんで疲れた帰りのバスでは、
ことばあそびや弾んだ気持ちを落ち着かせる素話で、
ゆったりした時間を過ごせるようにしましょう。

3
歳児から

ことばあそび1

「好きな物集め」

動物、果物、スーパーに売っている物など、ひとりひとり好きな物の名まえを言っていきます。

あそびかた

テーマの 例

果物、食べ物、動物、歌、ヒーロー、絵本など

保育者はテーマを決めて、「みんなの好きな○○の名まえを言ってね」と呼びかける。子どもたちはテーマに合った自分の好きな物を順番に言う。同じ物が出てもOK。全員が言い終わったら「ほかにはあるかな?」と聞く。最後に「みんなに一番人気だったのは○○でした」と発表する。

3歳児から

ことばあそび2

「ことばの数あそび」

ゾウならタンタン、キリンならタンタンタン。
さあ、何回鳴ったかな?　同じ音数のことばを探しましょう。

●用意する物　カスタネット・タンバリンなど

あそびかた

座席の列ごとに 2～4 チームに分かれ、子どもたちは保育者が鳴らす音と同じ音数のことばを答える。いちばん多く答えたチームの勝ち。答えた数は、スケッチブックに「正」の字で表しておくとよい。

ことばの 例

1音：と(戸)　め(目)　き(木)　ひ(火)
2音：イヌ　ネコ　くつ　あし　ほん　バス
3音：イルカ　タヌキ　キツネ　バナナ　プリン　めがね
4音：ライオン　シマウマ　ニンジン　てつぼう　おにぎり　タマネギ
5音：しんぶんし　じてんしゃ　せんたくき　れいぞうこ　クリスマス

3
歳児から

ことばあそび3

「仲間集め」

**丸い物、四角い物、冷たい物、赤い物など、
いろいろなグループ分けをして、その仲間を集めましょう。**

あそびかた

レベル1　3歳児から

保育者は「きょう、みんなが乗っているバスのタイヤは丸いね。丸い仲間を言ってね」と声をかける。思いついた子は手を上げて丸い物を言う。ほかの形や色でもやってみよう。

仲間分けの 例

色で分ける　赤い物、黄色い物、青い物、白い物など

形で分ける　丸い物、四角い物、三角の物、細長い物など

5歳児なら、温かい物、冷たい物、甘い物、固い物など、見た目だけでない仲間分けもしてみましょう。

レベル 2　4～5歳児

保育者はことばを言っていく順番を決める。ことばを言うときは、「パンパン○○」と拍手をしてから言う。
例えば「黄色い物集めスタート!　パンパン、バナナ」→「パンパン、レモン」のようにテンポよく回す。ことばが出なくなった子は、テーマを変えて「冷たい物集めスタート!　パンパン、雪」のように続ける。

バス遠足 お役だち情報

パペットのバスガイドさん

いつもあそんでいるパペットも、遠足に連れて行きましょう。できればちょっと手を加えて、バスガイドさんに変身させるとよいです。バスの中の約束事をみんなに伝えるときや、ゲームの進行やクイズの出題など、パペットにやってもらうことで、子どもたちは楽しく集中してくれるでしょう。

4
歳児から

ことばあそび4
「ことば探し」

**ことばを探すあそびは、いろいろな展開が楽しめます。
同じ音で始まることば探しからやってみましょう。**

あそびかた

頭の文字が同じことば探しに挑戦。コツがつかめたら、レベルを上げて楽しもう。

レベル1 「あ」で始まることば探し

「あ」から始まることばを、次々にあげてもらい、「い」「う」と続ける。

例

「あ」アヒル　アサガオ　アリ　あかちゃん
あし　アイロン　アシカ…
「い」いす　イチゴ　イノシシ　イチョウ
イモ　イモムシ…
「う」うみ　うきわ　ウシ　ウルトラマン
うちわ　うめぼし…

レベル2 変身ことば探し①

ひっくり返したり濁点をつけたりすると、違う意味になることばを探す。

例

●ひっくり返すことばあそび

イカ→カイ　ナス→すな
クリ→りく　クマ→まく
にわ→ワニ　ワシ→しわ
セミ→みせ　いた→タイ
かさ→さか　ニク→くに

●濁点を付けることばあそび

こま→ゴマ　サル→ざる
カキ→かぎ　てんき→でんき
ふた→ブタ　タイヤ→ダイヤ
はね→ばね　はら→バラ
いと→いど　きん→ぎん

レベル3 変身ことば探し②

小さい「っ」や伸ばす音「ー」を入れると、違う意味になることばを探す。

例

まち→マッチ
ネコ→ねっこ
きく→キック
じけん→じっけん
ビル→ビール
ちず→チーズ
カブ→カーブ
ハト→ハート

あそびのヒント

チーム対抗にしよう

バスの座席で2チームに分けて、先攻後攻をジャンケンで決めます。交互にことばをあげて、ことばが探せなくなったチームは、罰ゲームで歌をうたうなどします。

4歳児から

ことばあそび5
「しりとり」

テーマを決めたり、文章をつなげたり、徐々にレベルアップしましょう。
単純だけど奥が深く、おとなも夢中になってしまいます。

あそびかた

スタートは遠足に関したことばから始め、詰まったときはほかの子に言ってもらって、できるだけつなげていく。

レベル1 オーソドックスしりとり

バス→スイカ→カメラ→ラッパ→パンツ→つり→リンゴ…
えんそく→くつした→たいこ→こま→まつ→つき…
すいとう→うみ→みそ→そうじき→キャベツ→ツル…

「んでおしまい
気をつけてね
りす!
り…

えんそく
くま
まつぼっくり

バス遠足 お役だち情報

スケッチブックを持っていこう

何かと便利なのがスケッチブックです。太めのフェルトペンやクレヨンなどと一緒に用意しておきましょう。列ごとの競争のときに点数を記録したり、休憩の待ち時間で退屈している子のお絵かき用にも使えます。

ねこ ちーむ
りす ちーむ
リスさん チーム がんばって!

レベル 2 テーマを決めたしりとり

「動物」「食べ物」「2 文字」などのように、テーマを決めてあそぶ。

例

動　物　ゾウ→ウシ→シカ→カラス→スカンク→クジラ→ラッコ→コアラ…
食べ物　シイタケ→ケーキ→キウイ→イチゴ→ゴマ→マンゴー…
2 文字　ネコ→こま→まり→リス→すみ→みつ→つき→きち…

同じように3文字、4文字しりとりもやってみよう。

レベル 3 文章しりとり

文章を作れるなら、最後の音からことばをつなげ、短い文章にする。めちゃくちゃな文章が飛び出しても、そこが、このしりとりのおもしろさ。子どもたちが自由な発想で文章をつなげていけるように、柔軟に対応する。

例

きょうのおやつは何かな→なかなか3時にならないね→ネコもおなかがすいたって→テレビでも見ようかな→なーんだ。おやつの時間だって…

4歳児から

ことばあそび6

「連想ことばずもう」

どれだけたくさんのことばを言えるかの勝負。
「はっけよーい、のこったのこった」とことばを考えるおすもうです。

あそびかた

テーマの **例**

果物、野菜、魚、花、動物、女の子の名まえ、男の子の名まえ、大きい物、小さい物など

通路を挟んで2チームに分かれる。行司役の保育者は「果物」などとテーマを出す。どちらのチームが、果物の名まえをたくさん出すかの勝負。保育者は、「のこった、のこった」とゲームを盛り上げる。

4
歳児から

ことばあそび7

「ことばリレー」

ことばがバトンになってつながっていく、ことばあそびです。
最後は何につながるのかな？　展開を楽しみましょう。

あそびかた

最初は保育者が「きょうは遠足」のように遠足に関係することばを投げかける。次の子は保育者の最後のことば「遠足」から連想することばをつなげる。同じように順に送ってつなげていく。

あそびのヒント

スムーズに導くために

●人それぞれいろいろな発想があることを子どもたちに伝え、自分と違うことを「おもしろいね」と思えるように、保育者が「うん、そうそう」「わー、すごい」などと声をかけましょう。

●途中で詰まって言葉が出なかったら、保育者がヒントを出して、なるべく途切れないようにしていきましょう。

4
歳児から

ことばあそび8
「早口ことば」

早口ことばは、じょうずに言えるとうれしくて、
詰まってつっかえてもおかしくて、バスの中が盛り上がります。

あそびかた

最初は簡単な短い早口ことばから始め、保育者が言ってから、ひとりずつ順に言ったり、みんなで声をそろえて言ったりする。

さあ、初めはゆっくりでいいよ
スモモもモモもモモのうち

バス遠足
お役だち
情報

エチケット袋を楽しく

バス遠足には欠かせないエチケット袋。使うときに周りの子にマイナスイメージを与えないためにも、かわいい物を用意したいですね。
紙袋の中にビニール袋を重ねて入れ、口の部分をホチキスで留めます。外側の紙袋を、キャラクターなど、絵柄のかわいいものに。キャラクター効果で気分が和らぎ、周りへの影響も少なくなるでしょう。

ビニール袋
入れる
ホッチキスで留める
これで安心!
紙袋

こんな早口ことばであそぼう

カエル
ぴょこぴょこ
3（み）ぴょこぴょこ
あわせて
ぴょこぴょこ
6（む）ぴょこぴょこ

となりの
きゃくは
よくカキ
くうきゃくだ

あかパジャマ
きパジャマ
ちゃパジャマ

にわには
2（に）わ
うらにわには
2（に）わ
ニワトリがいる

あおまきがみ
あかまきがみ
きまきがみ

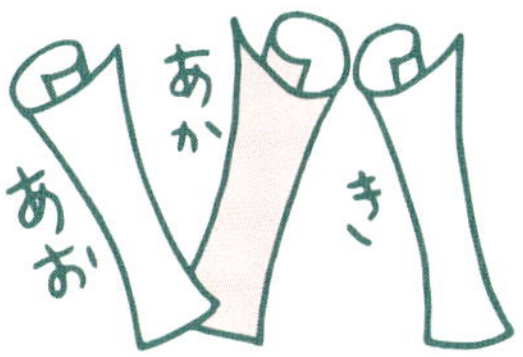

なまむぎ
なまごめ
なまたまご

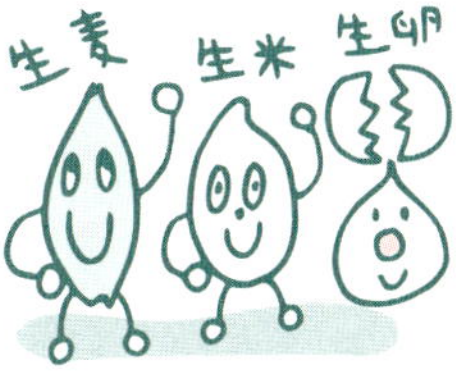

あおなっぱ
あかなっぱ
あおなっぱ

となりの
たけがき
たけ
たてかけた

おやガモ
こガモ
おおガモ
こガモ

しんしゅん
シャンソン
ショー

ぼうずが
びょうぶに
じょうずに
ぼうずの
えをかいた

とうきょう
とっきょ
きょかきょく

4歳児から

ことばあそび9
「かくれんぼことば」

ことばの中にもことばがあるよ。
隠れていることばを頭の中で探してあそびます。

あそびかた

保育者は「ことばのかくれんぼ探しを始めるよ。みんなは名探偵になって、これから先生が言うことばに隠れている数やことばを探してね」と言って始める。
まず、「イチゴ」とゆっくり言って、「イチゴの中に数が隠れているよ。いくつかな?」と聞く。わかった子は手を上げて答える。

レベル1 数のかくれんぼ

ことばの例

にじ(2)　ふろく(6)　バナナ(7)
リンゴ(5)　はちみつ(8・3)
くすり(9)　クレヨン(9・4)　やおや(8)
など

レベル2 いろいろかくれんぼ

ことばの例

動物かくれんぼ

ぼうし（ウシ） かばん（カ・カバ） スイカ（イカ・カ） アシカ（シカ・カ） まぶた（ブタ） カメラ（カ・カメ） ガチョウ（ガ・チョウ） ちりとり（トリ）など

体かくれんぼ

メダカ（目） アシカ（足） おてだま（手） かみなり（髪） ミミズク（耳）

いろいろかくれんぼ

おしろ（白） フクロウ（黒） あかり（赤） パンダ（パン） ぞうり（ゾウ・ウリ） カレーライス（カ・いす） サクランボ（サクラ） クリスマス（クリ・リス） おにぎり（おに） れいぞうこ（れい「0」・ゾウ）など

あそびのヒント 5歳児なら子どものほうから問題を出してもよいでしょう。

5
歳児から

ことばあそび10
「さかさことば」

**頭の中でことばを逆さにします。
書くと簡単なのに、頭の中だけでは手ごわいあそびです。**

あそびかた

身の回りの物、動物、食べ物など、子どもたちの身近にあって、よく知っていることばを逆さに言ってあそぶ。違うことばになったり、おもしろいことばになったりするのを楽しむ。
保育者は、「ことばを逆さまにして言ってね。それじゃあ、バス遠足なので『バス』!」と始める。子どもたちは、保育者に指名された順に逆さにして言う。
2音のことばに慣れたら、3音4音と長いことばにする。

問題 例

身の回りの物 かさ(さか) くつ(つく) かお(おか) タイヤ(ヤイタ) ぼうし(しうぼ) ピアノ(ノアピ) ブランコ(コンラブ) ハブラシ(シラブハ)

動物 カメ(メカ) カバ(バカ) タイ(イタ) パンダ(ダンパ) ラッコ(コッラ) アルパカ(カパルア) アザラシ(シラザア)

食べ物 パン(ンパ) ナシ(シナ) イチゴ(ゴチイ) トマト(トマト) おやつ(つやお) おにぎり(りぎにお) コロッケ(ケッロコ)

あそびのヒント 「モモ」や「トマト」のように逆さにしても同じことばが出たら、「逆さにしても同じだね。ほかにもあるか探してみよう」と発展させてあそびましょう。

バス遠足 お役だち情報

バス遠足にぴったり「ことばあそび」

いつでもどこでも準備なしであそべる「ことばあそび」は、バス遠足にぴったりです。動きもないので座ったままで楽しめ、遠足の行き先につなげて興味を高めたり、遠足で見てきた物をテーマにしてあそぶこともできます。ただ、ことばの発達には個人差があります。子どもたちの発言を受け入れて認めることが大事です。

3
歳児から

ゆっくり楽しむ素話1

「どっこいしょ だんご」

**丸くて白いおいしい食べ物、おだんご。
名まえを忘れないように何回も繰り返すのですが……。**

昔、あるところにお婿さんとお嫁さんが暮らしていました。
ある日、お婿さんはお嫁さんの実家に、一人で行くことになりました。
「それでは行ってくるよ！」
「お母さんによろしく、言ってくださいね！」
お婿さんは、お嫁さんの実家に急ぎました。

★間をとる（時間の経過を表す）

お天気が良くて気持ちの良い日だったので、思ったより早く着きました。
お嫁さんのお母さんは、お婿さんが来てくれたので大喜び。
「さあさあ、お婿さん。用事も済んだしお茶にしましょう」
と、お茶とお皿いっぱいの丸くて白い物を出してくれました。
「おなかが空いたでしょう。どうぞ遠慮しないでたくさん食べてください」
お婿さんは丸くておいしそうだったので、「いただきまーす！」と、

★おだんごをつまんで食べる動作をしながら

1つ食べてみました。その、おいしいこと、おいしいこと。

★次々とおだんごを食べる動作をしながら

とうとう、全部食べてしまいました。
「お母さん、ごちそうさまでした。全部いただいてしまいました。
ところで、この丸くておいしい物はいったいなんという食べ物ですか？」
と、お母さんに聞きました。

★驚いた表情で

「おや、まあ！ お婿さんはおだんごを知らなかったのかい。これはおだんごですよ」
「そうですか。この、丸くておいしい物は、おだんごという物ですか」
「娘も得意ですから作ってもらうといいですよ」

★間をとる

帰り道、お婿さんはおいしい物の名まえを忘れないように

♪丸くておいしい　おだんご（2～3回繰り返す）
と、つぶやきながら歩きました。すると小川が流れていました。
橋はかかっていません。お婿さんはこんな橋は、ひと跳びで渡れると、

★手を振って走る動作をしながら

少し走って〝どっこいしょ！〟と跳び越えました。
「よかった。川に落ちないで。えーと、丸くておいしい…、なんだったかなー。
あっ、そうだ！　丸くておいしいどっこしょ」そう言うと、
♪丸くておいしい　どっこいしょ（2～3回繰り返す）
と、つぶやきながら家に帰ってきました。「ただいまー！」
「まあ、お帰りなさい。早かったこと」
「お母さんの作ってくれたどっこいしょ、おいしかったなー。作っておくれ」
「まあ、なんでしょう。どっこいしょって……」
「知らないはずはないよ。お母さんが娘も得意だから作ってもらいなさいと言っていたもの！」
「でもどっこいしょなんて、知らないですよ……」
「あー、イライラするな。ほら、どっこいしょだよ。どっこいしょ！」
お婿さんはイライラしてお嫁さんの頭を

★握りこぶしでたたく動作をしながら

ポカリ！　と、たたいてしまいました。

★少し間をとる（状況をイメージさせる）

「あいたたたたー。いきなりぶつなんて、ひどいじゃないですか！
ほら、おだんごみたいなこぶができてしまいましたよ」
「あっ、そう。おだんご！　おだんごを作っておくれ」
「まあそうだったんですか」
次の日、お嫁さんはお婿さんのために、おいしいおだんごを作ってあげたんだって。　　おしまい

POINT

●素話のポイント

遠足帰りのひと時、疲れをいやす意味でも素話は最適。ここでは日本の昔話をとりあげました。
ゆったりと落ち着いた声で、子どもたちの顔を見ながら語りましょう。

1.お話を丸暗記するのではなく、あらすじを覚えましょう。
2.お話の光景が見えるように、効果的な動作も入れましょう。
3.声の高い・低い、話すスピードの速い・遅いで変化をつけましょう。
4.子どもにはわかりにくいことばもあります。すべてを理解しなくてもよしとして、お話の流れを大事にしましょう。その上で、わからないことばに気づいた子には説明しましょう。

3 歳児から

ゆっくり楽しむ素話2

「はなたかくなーれ」

**神様からもらった不思議な太鼓。
若者がドンドンたたくと、とんでもないことが起こります。**

昔、あるところに一人の若者がいました。若者は毎日お宮さんに行っては

★両手を合わせて

「どうか、いいことがありますように」と、神様にお願いしていました。

★間をとる （時間の経過を表す）

すると、ある日、若者の前に神様が現れて言いました。
「おまえに、太鼓をやろう。『鼻高くなーれ』と言いながら、
この太鼓をたたけば鼻が伸びて高くなるし、
『鼻低くなーれ』と言いながらたたけば鼻が縮んで低くなる」
見ると若者の前に、どんぶりくらいの太鼓がありました。

★間をとる（「お話変わって」と言う）

ある日、きれいな着物を着た娘さんがお供の人と歩いていました。
若者は家の陰でそっと太鼓を出すと、

★太鼓をたたく動作をしながら

♪娘さんの鼻高くなーれ テンテンテン（2回繰り返す）とたたきました。
すると娘さんの鼻はズンズン伸びて天狗のようになりました。
娘さんもお供の人もびっくり。急いで家に帰りました。

★少し間をとる（時間の経過を表す）

家の人も驚いて、お医者さんに診てもらいましたが、鼻は元に戻りません。
とうとう「娘の鼻を治してくれた者には、たくさんの褒美を出す」と立て札を出しました。
それを見た若者は、さっそく娘さんの家に行き、「わたしが娘さんの鼻を治しましょう。
皆さんは向こうに行ってください」と言って、太鼓を取り出して娘さんの鼻の前で、

★太鼓をたたく動作をしながら

♪娘さんの鼻低くなーれ テンテンテン（2回繰り返す）と太鼓をたたくと、
鼻はスルスル低くなって、元通りになりました。

娘さんも家の人も大喜び。若者はたくさんの褒美をもらいました。

★間をとる（「お話変わって」と言う）

しばらくした、ある日。若者は天気が良いので、野原に寝転がっていました。
そして、神様からもらった太鼓で、鼻がどのくらい伸びるか試してみようと思い、寝転がったまま

★少し上を向いて、太鼓をたたく動作をしながら

♪鼻高くなーれ テンテンテン（4～5回繰り返す）とたたきました。
すると鼻は、ズンズン、ズンズン、ズンズン伸びて、とうとう天まで届きました。
天で橋の工事をしていた大工さんは、その鼻がちょうど柱に良いと、
橋に縛り付けてしまいました。そんなこととは知らない若者は、今度は低くしようと

★少し上を向いて、太鼓をたたく動作をしながら

♪鼻低くなーれ テンテンテン（4～5回繰り返す）とたたきました。
鼻は天の橋に縛られているので、若者はスルスルスルと天に昇って行きました。

★少し間をとる

天に着くと雷様が「これから夕立を降らせるから、
おまえはその太鼓をたたいて手伝いをしろ」と言いました。
若者は雷様に言われた通り、雲に乗って太鼓を思い切りドンドンドン、
ドンドンドンとたたきました。そのおもしろいこと。
たたくたびに地上の人は怖くて逃げ回ります。
若者は調子に乗ってドンドン太鼓をたたいているうちに、
雲の隙間から足を滑らせ、
ヒュ――　ボッチャーン！ と大きな湖に落ちてしまいました。

★ゆっくりとテンポを落としながら

若者は、そのまま「ふな」という魚になってしまったんだって。

おしまい

3 歳児から

ゆっくり楽しむ素話3

「とりのみじいさん」

**畑仕事をしているおじいさんのところへ飛んできた小鳥。
さあ、小鳥はどうなるのでしょう。**

昔、あるところに働き者のおじいさんがいました。

★くわで畑の土をおこす動作をしながら

今日も朝から山の畑で「ヨイショ、コラショ」と土をおこしていました。
しばらくして、一休みしようと、くわを目の前に置いて顔の汗をぬぐいました。

★林（窓の外）の方向を指さしながら

すると、向こうの林のほうから

★かわいい小鳥の鳴き声で（以下同様に）

♪あやちゅうちゅう こやちゅうちゅう にしきさらさら ごよのさかずき
　もってまいろか びびらびーん と、かわいい声が聞こえてきました。
おじいさんは、「これは珍しい鳥の鳴き声だ。
もう少し近くに来て鳴いてくれたらいいのに……」と、
ひとり言を言いました。するとどうでしょう。
パタパタパタパタと小鳥が飛んできて、おじいさんのくわの柄にチョンと止まると、
♪あやちゅうちゅう こやちゅうちゅう にしきさらさら ごよのさかずき
　もってまいろか びびらびーん と、鳴きました。
「やあ、これはゆかい。このかわいい鳥が、まるで『おじいさん、おじいさん、
きれいな反物や世にも珍しい杯を持ってきましょうか』と、鳴いているみたいだ」

★おなかの前で手を広げながら

「今度は、わしの手のひらの上で鳴き声を聞かせてくれるとよいが」と、
おじいさんはおなかの前に手を広げました。
すると小鳥は、ピョンとおじいさんの手に乗って、
♪あやちゅうちゅう こやちゅうちゅう にしきさらさら ごよのさかずき
　もってまいろか びびらびーん と、鳴きました。
おじいさんはうれしくなって、

「今度はわしの舌の上で鳴いてくれないかな」と、言いました。
小鳥は手のひらから、おじいさんの舌にピョンと飛び乗って、
♪あやちゅうちゅう こやちゅうちゅう にしきさらさら ごよのさかずき
もってまいろか びびらびーん と、鳴きました。
おじいさんは「これは、ゆ……」
ゆかいだと言おうとしたとたん、小鳥をゴクンと飲み込んでしまいました。
『あっ、しまった！』と思った時は、もうおなかの中。

★少し間をとる（状況をイメージさせる）

すると、おなかの中から声がしました。

★かわいい小鳥の声で

「おじいさん、おじいさん、心配しないでください。
おへそからしっぽが出ていますから、引っ張ってみてください」
「これは不思議。おなかの中の小鳥が話したぞ」おじいさんは言われた通り、
おじいさんのおへそから出ている小鳥のしっぽをピッピッピッと引っ張ってみました。
するとまた、
♪あやちゅうちゅう こやちゅうちゅう にしきさらさら ごよのさかずき
もってまいろか びびらびーん と、おなかの中から声がしました。
おじいさんは家に帰り、おばあさんにも聞かせました。おばあさんは大喜び。
鳥飲みじいさんの話は村中に広まり、やがてお殿様の耳にも入りました。
そして、お殿様の前で、おへそから出ているしっぽをピッピッピッと引っ張って、
♪あやちゅうちゅう こやちゅうちゅう にしきさらさら ごよのさかずき
もってまいろか びびらびーん と、鳴き声を披露しました。
お殿様は大喜び。
たくさんの褒美をもらって、おじいさんとおばあさんは小鳥と仲良く暮らしたそうですよ。 おしまい

Profile　編著者

阿部 恵（Megumu Abe）

道灌山学園保育福祉専門学校保育部長、道灌山幼稚園主事。長年、保育者養成に携わりながら、保育雑誌の執筆、講演会など幅広く活躍。パネルシアターの第一人者。著書に『たのしい手あそびうた』（ナツメ社）、『たのしいコミュニケーション 手遊び歌遊び』（明治図書）など多数。

Staff

編集協力……太丸ミヤ子

デザイン……兼田園子（STUDIO BUS BY BOOSUKA）

カバー・表紙・扉イラスト…あおきひろえ

本文イラスト…石川元子　オカダフミコ　すがわらけいこ　すみもとななみ（SPICE）
町塚かおり　水野ぷりん　みやしたゆみ

絵カードイラスト……茶々あんこ

校閲…………草樹社

楽譜版下……石川ゆかり

本書は2005年発行『バスの中が楽しくなる　わいわいバスレクアイディア集』を加筆、修正し、新たなページを加えたものです。

この本は、平成27年11月26日に著作権法第67条の2第1項の規定に基づく申請を行い、同条同項の規定の適用を受けて作成されたものです。

すいとう

おべんとう

おやつ

おばけ

ぶらんこ

あいすくりいむ

いちご

らあめん

ぱんだ

らいおん

ほし

さっかあぼうる